科 举

启真馆 出品

启真·文史中国

〔日〕宫崎市定 著

宋宇航 译

科 举

ZHEJIANG UNIVERSITY PRESS
浙江大学出版社

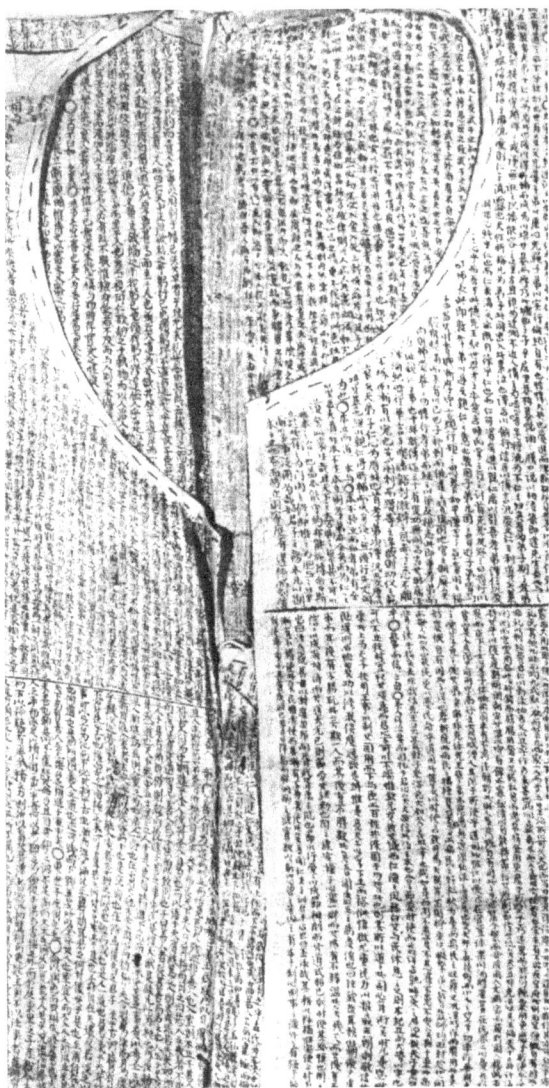

作弊衬衣的一部分（全貌图请参照下一页）。"四书""五经"和注释被密密麻麻地用毛笔抄写下来。因为考场是单人牢房式的，所以只要能在不被发现的情况下将它带进去，就能派上用场。时代不详。

作弊衬衣全貌图。表里能够写下七十余万字。

（京都·藤井有邻馆藏）

南京贡院的内部。从八月九日开始的一周时间里，
乡试在此举行。

前　言

　　日本是从何时开始听到入学考试地狱的声音呢？对于出生在20世纪初叶的我而言，说老实话，并没有深切体会过这个词语。小学毕业后，我离开了生养自己的村庄，进入附近城市的旧制中学。在那一年，这所中学第一次举行了入学考试，但并不是为了淘汰掉报名者，因为没有出现一位落第者，可见只不过是考察了一下。不止如此，由于这所中学是地方上的有志之士特意向县当局奔走活动而建立的，所以往往报名者很少。到了每年的第三学期，附近的小学老师都穿着草鞋到毕业生们的家里去家访，劝说父兄让自己的孩子或弟弟去这所中学读书。

　　中学毕业的那一年，我进入了新设立的旧制松本高等学校，而只在此时，我经历了好像是竞争的竞争。但当时中学毕业后，专门学校、高等学校的入学考试是很难的，有时某些学校的录取率甚至是二十取一。为了缓解入学困难的情况，那时的原敬内阁制订了高等学校增设案，以往只有八所高等学校，在这一年被增加到了十二所。可是从这一年开始，只要完成中学四年学业的人就能够进入高校学习，我们夹在老将和新手之间两头受罪，实际上考试并没有多么轻松。但之后由于高校、专门学校的陆续增设，我觉得在这一阶段的入学困难一时间得到了相当程度的缓解。

　　不过这一回变成了下一阶段的入学困难，也就是从高校进入大学之际。由于我自己是从高校毕业后就直接进入了京都大学文学部，非但没有入学考试，而且前辈们因为好久没有见过大量的新生，所以都想跳舞庆祝"丰收"了。在听他们说着这些玩笑的同时，我受到了热烈的欢迎。但比如高校同窗中有报考东京大学法学部的人，他们似乎必须通过竞争率相当高的入学考试。然而当时作为大学的地方，还不是像现在这样必须实行入学考试，这是任何人做梦都没有想到的事情。

到了战后，大学的入学变得严格起来，为进大学而上高中，为进高中而上初中，为进初中而上小学，为进小学而上幼儿园，竞争就这样连续性地展开了。足以让人怀疑这是不是科举制度的再现，而科举制度却早已成了旧中国的事物。

关于中国的科举制度，我除了本书，还写过一本旧版的、叫《科举》（昭和二十一年[①]秋田屋刊）的著作，而且这部旧作对我而言有着难以忘怀的回忆。在战败之年的三月，当时虚岁四十五岁的我突然接到了召集令状。虽说突然，但因为已经置身军籍，所以之前就有过那样的预感。于是我就想把稍显多余的工作留到后面，拼命地写作、积累原稿。原稿中便包括了这部旧版的《科举》。关于举世闻名的中国官吏录用考试制度——科举，虽然有人指出过科举在历史上的重要性，但还没有一本书将科举全部归纳整理。由于我以前就多少准备了一些材料，所以急忙开始整理，以便填补这一空白。而就在基本完工之时，红纸令状终究来到了手中。我将原稿交给书店，委托荒木敏一君进行校正，之后便前往召集地富山。

我在千叶县的市川市迎来了八月的战败，等九月回到京都时，原稿已然完成排版，校正也结束了。这份原稿存放在大阪的书店金库中，当时遭到了轰炸，尽管建筑物化为乌有，原稿却奇迹般地幸免于

①　1946年。

难、被转交给了印刷厂一方。菊判 ① 大小、约三百页的旧版《科举》就这样问世了。

但这本书是在非常匆忙间整理出来的仓促成果，内容还有不满意之处，虽然社会的需求并没有停止，但如今随着售罄，此书就此绝版。尽管我感到有义务必须订正若干错误并加以增补，然后再版，却由于忙于眼下的事务而没有尽到自己的责任。

这次收录于"中公新书"的《科举》不是旧版的再版，完全是重新创作。而且为了表示和旧版不同，特意加上了"中国的考试地狱"这一副标题。

然而本书的目的并不是谋求消除现今日本的考试地狱，也不是提出绝妙的方案。虽然对于这个问题，我本人并非完全没有意见。其实我在创作此书时也非常想把那些意见掺杂进去，但我还是止住了念头。我的任务在于从过去的事实中找出被认为最为重要的部分，并尽可能客观地将这个介绍给社会。事实才是比任何东西都更具有说服力的。轻率并且夹杂着主观判断而进行加工就好像是评论家的态度，本人对此最不擅长。另外，我觉得那样做的话也不会增光添彩。

因此，我尽量保持冷静，从尽可能公平的立场出发，希望努力描绘出科举制度及其实态。本书就是这样创作完成的。

1963 年 4 月

宫崎市定

---

① 　菊判，日本纸张大小的一种格式，规格为 939mm×636mm（3 尺 1 寸 ×2 尺 1 寸）；也可指书籍的开本之一，尺寸约 218mm×152mm，略大于 A5 纸。

目　录

序　论

　　根据中国古代的政治思想，天子是受天委任、负有统治天下人民义务之人。

　　但是因为天下广大、人民众多，靠一个人无论如何都无法实现统治，势必要在人民中间寻找助手，不得不让他们分担一部分工作。这些人便是官吏。由于官吏的好坏对政治上的影响是重大的，所以必须任用人民中最为贤明的人。为此，最佳的手段便是采取从万人之中公平选用人才的考试制度。于是科举诞生了。

　　这确实是出色的想法。而且这一考试制度成立于一千四百多年前的587年，事实理应值得惊叹。为什么这样说？因为就欧洲而言，日耳曼民族的迁徙造成了大混乱的局面，到了6世纪乱局才得以平息，随后开始了中世纪式封建诸侯割据的漫长时期，同时作为其代表，这也是骑士道的黄金时代。在中国可以比肩封建诸侯的是特权贵族，然而他们的黄金时代在此时已然宣告终结，取而代之的新型社会萌芽正在发育。科举制度也不是单纯地由儒教理念形成，而是受到了实际政治需要的促进，诞生于历史的运动之中。

　　那以前的中国可以说是贵族主义全盛的时代，在地方上有势力的贵族群体根深蒂固，就连帝王权力也不能不对这些人做出让步。他们以地方的州为单位，在此形成了可以说是贵族联合政权的地方政府。要职全部都被本地的贵族垄断，唯独长官是由中央政府任命的，所以只是从整体上勉强维持住了貌似统一国家的体面。

这种贵族群体以地方政府作为基础，如果形势好的话，便进入中央政府并受到重用。而在情况不妙的时候，就隐退地方蛰伏起来，慢慢地谋求东山再起。中央政府若是不看这些贵族的脸色，则不能顺利行政。因此贵族愈发放肆起来，互相炫耀自己的门第甚至比天子悠久，就连蔑视天子权力的事情也时有发生。

隋文帝无法容忍这种贵族的恣意妄为。他否认了一切对于地方政府的世袭式贵族优先权，改为由中央政府任命派遣地方官衙的高级官员。为此，中央政府必须随时掌握大量的官吏预备队，而因为要培养这种官吏资格持有者，才建立了科举制。也就是说每年中央政府都从全国招集报名者并举行考试，给各种科目的及第者授予秀才、明经、进士等头衔，认定他们是资格持有者，再根据需要任用为各地的官吏。

在中国，起用官吏的事情被称为选举，因为考试有各种各样的科目，所以就是按照科目进行选举，而科举这一词语是到了唐代才形成的略称。之后，从进入宋代开始，科目虽然只集中于进士一科，但直到清朝末年为止都依然使用科举这个词。

如上所述，科举原本是天子为了与贵族斗争而创造出来的武器，可以说大概在随后的唐代三百年间，科举基本完成了它的任务。到了之后的宋代，在世间反抗天子的强大贵族已经荡然无存，而科举的全盛时代也到来了。天子能够依靠科举来充分补充官吏，供自己任意驱使。有宋一代，科举出身的政治家可以自由地施展才能，中国历史上的文治派政治首次得以实现。

但同时也从这个时候起，反省产生了——选用官吏是否可以完全依赖像科举这样的考试制度？北宋中期登场的著名政治家王安石虽然是科举出身，但他提出了更加先进的想法，并开创了学校制度。王安石认为不能全凭考试来选用官吏，必须先在学校对他们进行教育。从现在来看，科举制度在这个时代理应让位给学校制度。

消灭了宋朝的蒙古人建立了元王朝，但王朝最初专事武力，无论对学校还是科举都没有任何的兴趣。然而在被征服的汉人之间，对科举怀有难以终止的思念之情。在此期间元王朝也一点点开始了汉化，同时还因为汉人的迫切愿望，中断了四十年左右的科举得到了复兴。虽然是小规模的，科举却一直延续到了元朝灭亡。

将蒙古人向北驱逐、恢复了汉人政权的明太祖，制定了学校和科举并用的政策。在全国建立学校、任命教官，先在学校里对学生们进行充分的教育，再通过科举考试从学生中选拔优秀的人才。但不幸的是，这项政策随着时间的推移被抽去了主干。耗费金钱的学校教育已经变得有名无实，学校的考试逐渐被当成了科举考试的垫脚石，之后科举变形成了极其不受欢迎的制度，而这一制度从头至尾只是连续的考试。

清朝原封不动地承袭了明代的科举制度。但科举在经历了漫长的历史之后，弊病逐渐积累，清朝努力于尽可能地矫正弊病。不过只是以消除不端行为、谋求公平为目的，所以结果就成了在考试之上再添加考试，越发增加考试的负担，没能发挥出多大的效果。而且到了清朝末年，弊病反而越来越严重，科举最终被社会所嫌弃。

正在此时，欧洲新文明的波涛奔涌而来。欧洲文明包括了自然科学、实验、制造的要素，而这些如果不通过学校则无法教授。于是清朝政府也终于屈服，将1904年作为最后一年，决定以后不再举行科举。

但作为考取科举之人的称号——进士的名称仍然被继续使用，清朝按照学历对大学毕业者或者海外留学的归国者授予进士。日本的服部宇之吉博士受到清朝的聘请，被任命为京师大学堂的师范教习，出人意料的是他在1909年归国之际，被赠予了进士的称号。朝鲜确实有人到中国参加科举并成为进士，而阿倍仲麻吕在唐代究竟是否成了进士是不确定的，排除这一例，日本方面只有服部博士是在科举制崩溃之后成为的进士。不过这是题外话了。

以上主要是从天子的立场出发审视科举制。但是站在人民一方，从作为参加者的立场来看，还会产生不同的感觉。科举是天子特意向普通民众敞开大门寻求人才的制度，所以响应科举并充分施展自己的才华，可以说是男儿一生的壮举。但这是冠冕堂皇的理由，实际上最重要的还是为了就职的便利。在旧中国，如果说到赚钱，没有比做官更划算的职业了。而且这在获得实际利益的同时还带有荣誉。

从科举创始的6—7世纪到之后的数百年间，做官吏之外的生财之道很少。至于明代，虽然从这时开始社会发生了变化，只要一心一意做买卖，也能够舒适地生活，但作为商人是脸上无光的。而且，如果想做大生意的话，就无论如何都要卑躬屈膝地和官场方面保持联系，否则很不方便。所以与其为了赚钱而忍受屈辱，不如自己成为官吏，光明正大地抓住好运，这才是最为聪明的做法。

于是世人争相涌向科举之门，宽阔的大门也逐渐变得狭窄。随着竞争越发激烈，相比于单纯的个人才能，自身所处的环境对于考中科举起到了很大的作用。如果是生来具备相同程度的才能，有钱人比穷人更有利；生于知识分子家庭的人比父母没文化的人更有利；成长于文化发达的大都市的人比偏远乡村的人更有利。作为结果，文化的不均衡越来越呈现出地区性，财富分配也越发不公。

中国土地广阔、人口众多。在这里，最受益于环境、最富才能的人聚在一起，展开了你死我活的竞争，科举考试变得越来越难。所以如果没有产生考试地狱，反而会让人觉得不可思议。

备考学习

　　稍微夸张一点来说，为了科举而展开的竞争，从幼童诞生之前就已经开始了。

　　母亲使用的铜镜背面经常会铸有"五子登科"的字样。这是母亲的殷切期望，意思是生育五个孩子，并且希望他们全部成功考中科举。这里所说的孩子是指男孩，女孩并不包含在内。如果没有儿子，生多少女儿都没有用，别人也会说那个人没有孩子。因为女儿既不能参加科举，也无法成为官吏，只会平添嫁妆的开销，所以被称为赔本的累赘。

　　传闻窃贼们会相互提醒不要搞错而进入有五个女儿的家庭，因为据说肯定没有任何值得偷盗的物品。虽然是相似的字，但五子和五女竟然有这般的不同。所以如果不巧生了女儿，那么感到糟糕的父母们应该是希望孙辈能够挽回损失，便让女儿带着"五子登科"的镜子出嫁。

　　妻子怀孕后，胎教马上就开始了。据说怀孕妇女的行动直接影响到胎儿，所以根据这个理由，妇女被特别要求举止正确。坐着的时候，要先整理好座位和坐垫，然后正襟危坐；睡觉的时候，禁止使用把头枕在胳膊上的粗野睡姿；不吃可疑的食物；避免看到不愉快的情景；如果有时间，就在一旁听别人读《诗经》。据说这样做的话才能生出才气出众的儿子。

"状元及第"钱   "五子登科"铜镜

　　如果最终真的生了男孩，全家就会皆大欢喜；如果是女孩，则会很失望。过去有一个老规矩，在女儿出生后的第三天，会将其放在床下的泥土地上翻滚，让她抓住地上的瓦砾。据说意思是女人即使在长大以后，也要一直养成对人低声下气、不辞辛苦的习惯。

　　男孩降生时，会用破魔弓向天、地、东、西、南、北六个方向射箭。但由于相比武术，后世更注重文事，所以这样的礼仪不知从何时起便荒废了。取而代之的是给仆人喜钱的时候，丢撒符钱让他们拾取。铸有"状元及第"的符钱在此时被经常使用。这是提前祝贺时用的词语，意思是预祝在科举的最终考试中考取第一名——状元及第。

　　不只是对于拥有儿子的父母，状元及第也是整个家族最大的希望。

　　一般认为尽可能越早开始学业越好。然而虽说叫学业，但几乎所有活动都是对古典的学习。自然科学与技术之类是劳动者干的事情，而数学则交给商人就好。堂堂士大夫必须学习的是记录古代圣人教义的"四书""五经"等儒家经典，另外作为中国文化的精粹，能够创作诗和文章也很重要，总之科举的考题不会超出这一范围。

　　于是等到男孩五岁左右之后，家庭教育就该开始了。因为中国所说的年龄是虚岁，所以勉强是满三周岁有余的年龄。

　　承担家庭教育责任的主要是母亲，或者由其他某位有空闲的人负责，所以很早就会由于环境不同而出现损益。知识分子阶级是所谓的书香之家，也就是书本的芳香都沾染到墙壁上的名门，家族全员都能读书，所以在照看小孩儿的时候就顺便教他们认字。

　　最初是尽可能将笔画少的简单字罗列起来学习。

　　　上大人
　　　孔乙己
　　　化三千
　　　七十士
　　　尔小生
　　　八九子
　　　佳作仁
　　　可知礼也

　　先教授这二十五个字。开始是在每张纸上用朱笔画上一个字的轮廓，然后交给孩子，让他用墨笔填满，接下来再让他自己写字。这些字的意思是不需要特意查找的。如此这般，在记住了笔的握法和字的写法之后，下面作为常规安排就开始了《千字文》的学习。《千字文》以

　　　天地玄黄
　　　宇宙洪荒

起始，下面都是由四字一句、合计二百五十句组成的千字韵文，没有一个字是重复的，所以将这些全部记住的话，就已经在学业上打好了最低的基础。

　　有时会有记忆力非常好的儿童，刚刚教授就能马上记住。等他们

学完《千字文》后，开始学一本叫作《蒙求》的历史读物。等《蒙求》也学完后就能进入学校，直到学习必修的"四书""五经"，他们的学业飞快地进展。在这些人之中，非常优秀的儿童会被风传成了不起的天才，某些情况下，传言还会逐渐扩散，最终传入天子耳中。于是乎天子就特别举行童科的考试，也就是儿童的科举，及第之人被授予童子出身的头衔。

然而童子出身者只不过是无用的早熟，之后没人能取得多大的成就。很多人的下场都是被当成了大人们的玩物。童科在宋代非常流行，然而后世意识到了它的弊病，因此逐渐荒废，不再举行。

虚岁八岁被认为是开始学业的年龄，就是说初等教育开始了。当然这件事耗费金钱，穷人没有那么多的富余。中产以上的家庭会恳求私塾让孩子进去学习，私塾也就是一般被称为闾学、社学、学馆等的地方。这里的老师大多是失业的官吏，或者是屡考不中却不知不觉间已经上了年纪的老学究。老师一般负责一个班，每班八九个学生。

最为重要的教学科目是"四书"，大多是从里面的《论语》开始学习。老师翻开书，让学生一点一点将内容全部背下来。背诵几乎是学业的全部。老师念：

学而时习之

然后学生跟着大声喊："xué ér shí xí zhī 。"接下来老师读：

不亦说乎

学生也说："bú yì yuè hū 。"再一遍一遍地重复。然而由于实际上学生一点也不开心，不知不觉间便东张西望，或者从衣袖中拿出玩具来玩。一旦被发现，老师就会毫不客气地训斥或责打。老师们拿着的折扇状物件叫作戒尺，他们有用戒尺打学生手掌和大腿的权力。正所谓：

教不严　师之惰

人们一般认为教师越严格越好。

大体上学生学完读法后就回到离老师稍远的座位，马上复习学过的部分。他们先一边看书一边高声朗读五十遍，然后盖上书背诵五十遍。等到合计念了一百遍，只要不是脑子特别笨的孩子，都已经背下来了。

最初一天只能记住二三十字的人，逐渐习惯以后，就能够记住一百字、两百字或者数百字了。但教育的秘诀是不能太过消耗学生的精力。如果能记四百字的人，就到二百字为止。据说这是出于担忧，因为不这样做的话，学生会渐渐觉得辛苦，最后厌恶学业。

大财主和地方上权势熏天的官员之家，因为宅邸宽广，便腾出一个房间，聘请家庭教师在那里授课。种满树木的中庭深处有独立房屋，在里面安设一间雅致的小室，被称为门馆先生的家庭教师常年在此静谧的环境中负责授课，学习的效率应该会由此提高。

在中国，学业同时也是实践。实践的意思是在家庭内部或者出到社会时，首先要求本人具备作为成人的举止礼仪。因此从初等教育开始，先生就会教授对长辈和同辈的行礼方式和敬语的使用方法等项目。只不过从现在来看，不足的一点是忽视了在集体生活中作为社会型绅士的训练吧。所以在清朝末年的某些逸闻中，主人公担任堂堂外交官远渡欧洲尚可，但在公共场合用手擤鼻涕却让西方人大吃一惊。

从八岁入学到十五岁为止，一般古典教育便全部结束了，但究竟在这一阶段必须完成多大分量的学业呢？学业始终是以"四书""五经"为中心的，现在我们来计算一下原文的字数，如下所示：

《论语》	11705 字
《孟子》	34685 字
《易经》	24107 字
《书经》	25700 字
《诗经》	39234 字
《礼记》	99010 字
《左传》	196845 字
合计	431286 字

　　因为"四书"中的《大学》和《中庸》是与《礼记》重复的，所以不把这些计算在内的情况下，全部有四十三万余字，确实是非常吓人的数据。

　　原则是要将上述经典的原文全部背诵下来，仅仅这些已经是非常痛苦的事情了。每天记两百字，正好需要六年。估计在现今日本大学的老师中，也没人能够完成这种学习吧。学生做到背诵以后，还要阅读数倍于原文的注释，而且由于原文一部分会成为考题，所以也需要学习解答方法。

　　除此之外，还有必须通读的经典、历史书籍、文学书籍。文学书籍不能只是单纯地阅读，必须模仿并且练习自己写作诗文。因此如果认真执行这种学习模式，头脑不是非常好的人便会在中途产生厌烦的情绪。

　　毕竟从现在来看，这正是从小学到初中的年龄，也就是最喜欢玩耍的时期。终日将他们关在教室里，让他们处于被软禁的状态，对于学生而言没有比这个更痛苦的了。于是父母和老师在一旁激励，要他们向了不起的人学习。过去就有劝学歌，也就是鼓励学习的诗歌，劝告人们只要趁着年轻好好学习，就会有好的前程。下面是宋朝真宗皇帝的作品，载于《古文真宝前集》的开头处：

富家不用买良田

书中自有千钟粟

安居不用架高堂

书中自有黄金屋

出门莫恨无人随

书中车马多如簇

娶妻莫恨无良媒

书中有女颜如玉

男儿欲遂平生志

六经勤向窗前读

这虽然完全是在劝人学习，却以美女和财富为诱饵来诱惑。所以古往今来，这首诗一直是被责难的对象，但这当然也是有效的劝学手段。

然而关于学习的方法，在任何世界里都是大路和小径并存的。尽管历代政府和民间学者都在苦言相劝要直接专心致志地学习"四书""五经"，但还是有专门以参加考试为目的的速成学习法。虽说考题出自经典的原文之中，不过实际上适用于出题的地方并不太多。因此相似的问题屡次重复出现。坊间的书店着眼于这一点，都编纂解答问题集来卖。如果好好学习这些集子，在押中考题的情况下，即使不用付出辛劳也能取得好成绩。

可是一旦没有押中则会手足无措，这是没有经过正规学习的悲哀，结果只能写出令考官感到困惑的拙劣回答。由于模范解答集之类的东西妨碍了正规的学习方法，其本身存在危害，因此政府在考试之后根据主管官员的报告，屡屡出台严厉的禁令，禁止此类集子的出版。但另一方面，因为能够赢利，同时也有社会的需求，所以大家会秘密出版。禁令在不知不觉间已经变得有名无实，这样的过程被不断地重复着。

县　试

中国的科举制度开始于一千四百多年前，在那之后自然会经历许多变迁。到了清朝，如果回头去看最初的制度，两者已经产生了天壤之别。因为要介绍这期间发生的所有历史绝非易事，所以本书以科举制度在形式上最为完备的清朝末期作为大致的基准来展开我们的话题。也就是大约一百年前，从年代上来讲就是19世纪后半期的状况。

科举是数次艰难考试的连续，但若将其大致区分，可以分为学校考试和科举考试两个阶段。

老实说，学校考试并不能归入原本意义上的科举。它作为科举之前的预备考试，从明代开始才被赋予了意义。因为从明代开始有资格参加科举考试的人必须是各地国立学校的学生，也就是事先必须成为生员。希望参加科举的人，首先必须参加国立学校的入学考试，这便是学校考试。清承明制，但在考试方面要比前朝更加困难。

当时作为国立学校的代表，在中央设有太学，在地方设有府学、州学、县学。中国的府不同于日本，是管辖县的上级机关。但只有在学校方面，府学并不在县学之上，只不过其教官待遇有所差异。而州是介于府、县之间的存在。所以无论是府学、州学还是县学，对于在那里的学生——生员而言，没有任何差别，都是地位平等的学校。

这些学校的入学考试就是学校考试，一般也被称为童试，三年举行两次。学校考试分为三个阶段，第一阶段是在县里举行的县试，第二阶段是在府里举行的府试，而第三阶段才是应该称为最终考试的院试。

应考童试的考生，无论年龄，都被称作童生。

应考资格多少有些限制，要求考生祖上三代不得从事低贱的职业，比如经营娼馆、妓院等工作。因此申请书上必须有保证人来证明三辈身份的清白。除此之外，无论商、工、农，都不问出身。即使父祖为士，也就是官吏，也没有特殊的优待。总而言之，考试为"四民平等"提供了机会。

其他的限制，还有不得在服丧期参加考试的规定，所谓服丧期即本人的父母、祖父母死后一年乃至三年的期间。这不同于日本，并不是忌讳服丧导致身体不洁，而主要是出于对亲人尽孝的重视。也就是说服丧时要闭门家中，谢绝一切公开场合的活动。因此像进考场这种国家级的活动，必然是不能参加的。社会上也不允许这种行为。

在考试申请书上，除了要写清并未违反以上各种限制之外，还有填写年龄和身体、容貌特征的项目。因为照片这种东西还不存在，所以要填写身材的高低、面色的黑白、胡须的有无。有无胡须与年龄有关，如果年轻的考生未写明有胡子，就有可能以前后矛盾为由，申请书被拒绝受理。

因为当时还没有户籍的概念，所以往往有瞒报年龄的情况。虽然考试资格并没有年龄上的限制，但以十五岁为界，会受到区别对待。十四岁以下为未冠，也就是元服以前；十五岁以上为已冠，也就是元服以后。自古以来，十四岁为止是童子，被当作儿童来对待。到了十五岁，就要举行称为冠礼的元服仪式，把已经成年的事祭告宗庙。从此头上戴冠，被作一个成年人来看待。

学校考试被称为童试，原本是以童子，也就是十四岁以下的人为对象举行的考试，因此会出简单的考题，或者在打分时酌情考虑。

但是，如果出现了已经加冠的老童生，考官就会故意给他们出难题让他们不知如何作答，或者严格打分、歧视对待。受不了这种待遇的童生就会瞒报年龄。在夸张的情况下，即使四五十岁，他们也会自称是元服前的十四岁来参加考试。因为厚重的胡须碍事，所以他们就将胡须剃除干净化装成儿童。由于大家都在谎报年龄，而受理一方也不晓得要厉行法规到何种程度，既然他们连胡须都没有，即使脸上有皱纹也放其通过。这样一来，连四五十岁的老童生也能以十四岁以下童子的身份通过考试。

有位老童生剃净胡须去考试，回家后他的老妻认不出他，叫喊着"这是哪家的小孩？"，欲将他轰出门外，现今还流传着许多这样的笑话。这种不合常理的瞒报年龄，要取决于当时负责人如何裁量，并不是任何时间、任何地点都行得通的。

县试在衙门的"考棚"中举行，"考棚"是附设于各县政府的宽敞房屋。考试的负责人是知县，也就是县的长官。他要在考试开始的前一天进入考场，直到考试全部结束为止，切断与外界的一切往来，一心埋头于考试事务。这样做也可以杜绝走后门的行为，并回避陷入这种行为的嫌疑。

到了考试当天，三四点钟天还没亮，一声炮响震耳欲聋。这是对住在县城各处童生发出的信号，让他们赶快起床准备考试。

一小时到一个半小时后，炮声第二次响起。于是童生们走出住所奔赴考场。他们尽可能地将考试的全套必备用具装入篮子里，所谓必备用具，即扁平轻巧的砚台、上等的墨、笔、盒饭等物品，然后大家到考场门前集合。

不久，随着第三声炮响，大门左右打开，童生和陪伴他们的父兄、朋友一起蜂拥进入考场。因为考桌上贴有考号，所以他们需要找到自己的考号来对号入座。

当所有人都确定了考试座位时，陪同人员会被命令离场。之后童生就座，考场之内鸦雀无声，一瞬间沉闷的空气笼罩全场。

作为考官的知县会穿上礼服，率领县学的教官和学校的生员们徐徐走出。负责人员对考生逐一点名，被点名者来到知县面前行礼，由作担保人的前辈生员确认其身份后，考生再领取答题纸退回座位。答题纸也称为试卷，是用厚白纸做成的折本，纸上有用红色颜料印制的方格。

待答题纸分发完毕，县学的生员们全部退场，只有作为主考官的知县和其下属的负责人员留下与童生们相对。知县亲自到入口将门上锁，并加上封印，然后回到自己的座位公布考题。转眼之间已经过了七点。第一道考题出自"四书"。考题写在大幅的纸张上面，并贴在叫作"榜"的布告板上，于考场中缓缓行进。比如考题若是《论语》原文中的"君子有三畏"，作答时就要引用其下文"畏天命，畏大人，畏圣人之言"，再加上朱熹的意见和考生自己的解释来写出一篇文章。

未冠和已冠也就是十四岁以下和十五岁以上的考题会有差别。面向未冠考生的考题尽量简单，但对已冠的考生则会尽可能地出难题。出题人有自己独特的心理活动，怀着不希望被猜中考题的心情，有时会出非常生僻的问题，以致让猜题者无从下手。比如有的时候会用《论语》等书中"子曰"上的圆圈来出题，或者用"也已矣"来出题，这三个重叠起来的助词在《论语》中只出现过一次。出题人看到谁都不知如何作答，也许会大呼快哉——"终于把他们难住了！"这着实可恶。

在公布考题后的大约一个小时，负责人员会来巡视考生写到了哪里，然后在作答的末尾处盖上印章。这是为了获知答题速度。普通水平的人在这一个小时的时间里至少应该能写出数行答句。但如果考生一字不写，并在试卷的最开始处被盖章的话，即使之后的作答多么漂亮，也会被怀疑是不是受到了别人的"指点"，因此审查时不会获得理想的评判。

从九点到十点的这段时间里公布第二道考题。它可以细分为两道问题，第一道还是出自"四书"，另一道则是要求写一首五言诗，还指定了韵脚。加上之前的第一道题，考生到傍晚为止需要对三道问题进行作答并提交试卷。考场内当然没有照明设备，也禁止童生们点蜡烛，所以在周围越来越暗、无法书写的情况下，他们即使没有完成作答也必须提交试卷离开考场。

退场时不允许每个人四分五散地走出考场，而是要等到每凑够五十人成为一队时再离开。这是因为如果入口的大门总是开着的话，可能会有无关之人进入，所以大门要一直上锁。当退场者达到五十人，知县就亲自到门前，撕下封印将锁打开，待将这些人都送出考场后再次把门上锁，等到又有五十人要退场的时候再开门。

在这次最初的考试结束后的三四天时间里，知县必须承担一切责任，夜以继日地负责审查试卷。但是知县中也有军人出身的人，他们由于军功受到委任，所以并不是所有人都能亲自承担审查的工作。作为私人秘书的幕友，或者附近书院（私立学校）的老师有时都是他们求助的对象。这些审查人员和知县一起，直到最终的考试结束，一步也不许离开考场。

对于提交的试卷，封面上写有姓名的部分会用糨糊密封起来。这种做法叫糊名，是为了在评分时只能看到座位号。

如果在试卷中，许多人都写了差不多的文章，就一定是使用了朝廷禁止的模范答题集来临阵磨枪，这些被称为雷同而全部落第。替考也经常会出现，而审查人员只看试卷的话，则无法做出判断。但是日后如果被检举，或者在之后的考试中通过查对笔迹等方式败露，当事人就会受到重罚。

因为知县是县试的总负责人，如果知县自己收取考生贿赂或者有所偏袒，则将受到最严重的处罚，免官当然不用说，甚至还会被处以流刑。

当发现考题有差错的时候，应试的童生被允许平静地提出意见。

但如果许多人在此之际同时吵闹，做出全体退场之类的行为，这将被看作是罢校也就是罢考，责任归罪于考生一方。这不仅对于地方上来讲是非常不光彩的事情，而且会给今后的考生带来麻烦。

及第者的姓名在成绩审查结束后立即被公布。中国考试发榜的特点是伴随着很多的表演式活动。

县试是将中试者的姓名每五十人一组呈圆环状写在一张很大的纸上，按照钟表的刻度盘来说，就是在十二点钟的方位写上第一名的名字，之后再以逆时针按成绩名次开列姓名。而且作为验讫的标志，要在每个姓名的开头处用朱笔点上一点，并在纸张中间的空白处写上一个大大的"中（合格）"字，最后把数张纸并排贴于县衙门之前。这种很费功夫的方式有着将考试气氛推向高潮的效果。具体说来，这样做会让中试者意气昂扬，放大他们的喜悦之情，而另一方面也导致了落第者的意志更加消沉。

之所以立刻将中试者的姓名堂堂正正地公布出来，可以说也是考官自我防卫的一个手段。因为这带有诉诸舆论的意味，即"考官公平地做出评判"，"公布了成绩，也尽到了责任"。在日本公布考试结果的行为就稍微与之类似。如果像美国那样，只是将合格与否通知本人，恐怕不会得到社会的同意吧。事实上中国在中试者姓名公布之后，经常以落第者为中心，很多人会大吵大闹，他们认为这样的审查结果是不能接受的，一定存在着某些问题。即使通过布告来公布结果都会发生这样的事情，那么如果只是悄悄通知本人，则不知道考官会受到怎样的猜疑了。

不只县试，可以说这适用于所有的考试，但社会上对考试的过分重视与喝彩所导致的结果是，不光给考生，也给考官施加了巨大的精神压力。所以，"考试只要能在没有大的过失的情况下结束就好"，"只要不被怀疑其公平性就好"，考官被迫陷入了这种消极的态度之中。考试原本是为了选拔将来大有作为的人才，但在这种情况下往往

县试成绩的公布

丧失了考试的意义。而对于考生一方而言，由于写太奇怪的文章反而会有落第的风险，所以就选择写不犯忌讳的内容。为了能够获得优秀的评价，他们都只注重于形式，希望创做出在形式上漂亮的试卷。总之无论是考官还是考生都从一开始就萎靡不振了。

但这次成绩公布并不意味着县试的结束。之后还有连续四场同样的考试。在首次公布成绩的翌日举行第二场考试，这一场共有三道考题，一道出自"四书"，一道出自"五经"，另外还有一道诗题。此时已经没有未冠和已冠的区别。不过最受重视的是第一场考试，从第二场以后只有少数人会被淘汰。

在第二场成绩公布的翌日举行第三场考试，这一场除了一道"四书"题、一道诗题以外，还有一道古风韵文形式的赋题。这一场成绩公布后的第二天举行第四场考试，所出的题目除了一道"四书"题和一道诗题以外，还要求做一道论题。论是散文，需要写出关于历史上的事件和政治的评论。这样从头至尾顺利完成的话，几乎等同于县试结束了。之所以这样说，是因为按照惯例只要在接下来的第五场考试中没有什么意外的情况，则不会出现落第者。

到目前为止的四场考试分别被称作头场、二场、三场、四场，与之相对的第五场考试被称为终场，这是最为形式化的考试，考题虽然有一道"四书"题，但成绩并不受到重视，只要写下自己最想写的开头几句就行。而最重要的是后面的那道题，清朝的第五代天子——雍正皇帝下达了《圣谕广训》，类似于日本的《教育敕语》，考生需要准确无误地默写出《圣谕广训》十六条中被指定的一条。

在中国，可以称作教育敕语的东西最早能够追溯到明太祖。他颁布了《圣谕六言》，以此作为人民需要遵守的行事作风：

> 孝顺父母
>
> 尊敬长上
>
> 和睦乡里
>
> 教训子孙
>
> 各安生理
>
> 毋作非违

进入清朝以后，康熙皇帝将它增加为十六条，其子雍正皇帝将各条目加以详述并命名为"圣谕广训"，变成了多达万言的长文，以后在学校考试之际，无论是县试、府试、院试，每当最后一场考试，都要指定十六条中的一条让考生默写，这种做法成了惯例。《圣谕广训》在德川时代传到了日本，并被原封不动地传诵，而明治时代颁布的《教育敕语》可以认为是受到了它的启发。但是从形式上来说，反而《军人敕谕》更接近《圣谕广训》的样式。

毕竟因为《圣谕广训》是天子所作，所以在考场上将其一字一句没有错误地默写出来是很重要的，书写错误是极其不敬的行为，哪怕其他的试卷写得再好也必定落第，而且还会被剥夺数次考试的参加权利。

与此相关联的是，考生必须清楚在所有的考试中都绝对不能把带有天子名讳的文字写到试卷上去。不只是当今的天子，就连带有本王朝祖先名讳的文字也是不能写的。为此大家早已准备好了用于替换的字，以便避开历代天子的名讳。由于乾隆皇帝的名字是弘历（曆），所以在乾隆以后的考场上就使用"宏"来代替"弘"，使用"歷"来代替"曆"。

这种荒唐的习惯所幸没有传到日本，然而不能随便说出天子名讳的做法不知何时从中国传了进来。比如在明治天皇的《教育敕语》最后写有"御名御玺"。大部分儿童在听小学校长念《教育敕语》时，可能都会误以为御名御玺是明治天皇的别名吧。但在敕语的原件上写有明治天皇的御名——睦仁，而且盖有御玺，也就是叫作天皇之玺的印章。毋庸赘言，这正是在复制《教育敕语》时考虑到了避讳，所以才转写成"御名御玺"分发给学校，校长无非是原封不动地将这些念了出来。

先把这件事情放在一边，尽管终场考试的《圣谕广训》是相当长的文章，背诵的话会非常辛苦，但是对于连"四书""五经"都能通篇背诵的强者们而言，这种程度的工作并不麻烦。既然已经走到了这一步，他们就怀着和中试一样的心情，高高兴兴地默写好《圣谕广训》，然后提交试卷。

作为考官的知县到了终场时也会和考生们自然而然地产生某种亲近感，所以在终场结束的晚上，一般都会招待全体考生参加晚宴。从地位而言，知县担任考官是理所当然的，但是考试包含了重大的意义，它原本是为了选拔预备人才，而这些人才将来有可能成为辅佐天子的有为官吏，知县为终于完成了大半的职责而感到高兴，因此举办晚宴也是为自己庆祝。

每桌摆放八道菜，八人围坐一桌接受款待。当然由于是在考场内举行，所以宴会结束时，考生们会送给考场内的用人们若干小费后再退场。

考官开足最后的马力，审查第五次也就是终场的试卷，并将其与前四场的成绩合在一起，平均算出综合成绩，最后按照和之前同样的方法公布中试者的姓名。知县就此完成了所有与考试有关的任务，他在被关进考场的大约二十天后终于获得解放，可以回到自己的官署放松休息了。但他还不能悠然自得地安下心来。之所以这样说，是因为一直到接下来的考试结束后，他都对本次中试者的能力负有责任。

在接下来的府试中，之前县试的第一名中试者只要没做出什么出格的事情，一般都能通过考试，不会落第。这是为了照顾知县的颜面，毕竟知县是县试的负责人。然而如果这位县试第一名造成了重大的失误，或者其他中试者的试卷非常差，那么就要追究知县的责任。因为是知县让这些人通过了考试，所以他有可能会受到处罚。

如果要问县试的竞争率如何，由于地区的不同，无法一概而论。倒不如说县试带有预备考试的性质，它的目的是在这一阶段淘汰掉过多的考生，将考生缩减至接近规定入学限额的人数。若是非常笼统的标准，那么为了正好能够与入学限额一致，要是县试录取了约四倍于限额的考生，接下来的府试会裁减掉一半的人，最后的院试再裁剪掉一半。总之既有十倍于限额的地区，也有几乎等同于不用考试的地区。各县学的入学限额是参照所在地区的文化程度和人口数决定的，多的地方为二十五名，以下递减至四名、三名。在文化发达的地区，报考者不光人数众多，而且能力也很高，所以竞争极其激烈。而相比之下，在偏远乡村，入学本身是非常轻松的。然而由于随后会陆陆续续面临困难的考试，为了能够考中，他们从最开始就要能够忍受艰难的竞争，否则难免在中途掉队。

府 试

——学校考试之二

　　虽然县试是相当困难的考试，但这还只是刚刚开始，通过县试的人不过是被允许参加接下来的府试。而且考取县试仅适用于当时，并不会获得任何固定的资格。因此他们必须重新鼓起勇气去迎接即将来临的府试。

　　府试的负责人是作为一府长官的知府，县试的中试者被招集到一起参加考试，考试会淘汰掉大约一半的人。实际上之前县试的日程就是为了呼应府试而安排的，而且是各县同时举行。如果将日期互相错开，那么有的人就会假冒籍贯参加两次考试，正是为了防止这种事情的发生，才在同一天举行。

　　府城即设府之城，是相当繁华的大都会，备有用于考试的常设大型建筑，被称为试院。作为县试中试者的童生，从各自的县获得证明文件，然后陆续汇集到府城中来。

　　到了考试当天，童生一早便蜂拥来到试院门前，等到大门打开后，再以各县为单位分别结成一组，在县学教官的带领下入场。考试的方法全部参照县试。但考试只进行三场便宣告结束。在第三场考试也就是终场，要默写《圣谕广训》中的一条。考试结束以后，由知府举行招待宴会，这也和县试相同。

　　府试带有对于县试中试者重新审查的强烈意味。换言之，是为了更加仔细地确认考生是否具备足够的实力参加接下来的院试。考题并非全员相同，而是按照各县给出不同的问题，因此也根据不同的县来分别确定中试者。

中试者的成绩公布是以县为单位写在另外的纸张上，和县试一样，按照时钟表盘的方式，每张环绕着写上五十人的名字，然后贴出。但此时有一点和县试不同，便是表针转动的方向，这一回是顺时针地按照成绩开列姓名。

院　试

——学校考试之三

　　府试的成绩公布后不久就到了院试的日期，但这个日期并不是固定的。因为它取决于作为院试负责人的学政什么时候能巡历到府。

　　清代在中国汉地各省设有总督或巡抚，由他们担任地方的最高行政官。但别忘了除此之外还有叫作学政的高官。学政是提督学政的略称，也被叫作提学。它的含义是教育行政长官。

　　教育从原则上来讲是最受重视的，教育行政也与其他行政分开，被委托到了学政手中。担任学政的人虽然一般比总督、巡抚的官位低，但他绝对不是总督、巡抚的属官，而是有着与之对等的权限。之所以这样说，是因为规定学政任期三年并且直接由天子派往各省赴任，因此和总督、巡抚的情况相同，学政也是直属于天子的。学政如果认为总督、巡抚的行为有所不当，可以直接向天子弹劾他们。

　　另外，学政是由天子直接派遣的使者，如果从这种意义来讲，他在结束三年任期返回都城之时，必须立即觐见天子，报告地方的实际状况。报告的内容不单单是关于教育行政的事情，学政还可以就民政、军政等所有方面，向天子上奏并陈述自己的意见。因此即使是在地方上权势熏天的总督、巡抚也必须把学政当作同僚来郑重对待。

　　不过学政并不是管理职务。由于省内的府学及教官的身份都由知府管理，县的县学及教官的身份都由知县管理，学政只是在他们的上面进行监督。然而与其说学政的实际任务是担任监督官，不如称其为考官更恰当。学政在任期的三年间，必须两次视察省内各府，分别是举行岁试和举行科试之时，因为每当此时，也必须一并举行院试。

所谓岁试，是学政在巡历各府之时，将管辖内府学、县学学生——生员聚集在一起举行的能力考试。举行考试的目的是考察生员是否在学业上松懈，同时也据此考察教官是否勤于教育。与之相对，科试的招集对象只是生员之中想参加科举考试的人，这个考试是为了判定他们是否具备参加科举的实力。但实际上在此时一并举行的院试才带有更加重要的意义。

对于想要进入府内的学校而成为生员的人来说，院试是他们最终的考试，由此决定是否能够入学。因为每位学政要在各府巡回举行考试，而一省之内一般有十几个府，所以日期是无法提前固定下来的。因此学政要制订好计划，预先通告巡历某府的日期，之后该府根据通知进行院试的准备，为了呼应院试而确定府试的日程，再为了呼应府试而确定县试的日程。

在学政到府以后，知府会出来迎接并到将他带到试院旁边的宿舍去。第二天，学政到府学的孔子庙中参拜，然后将生员们招集起来举行讲解经书的活动。考试于数日之后开始，但学政在前一天就要进入考场，切断与外界的联系，直到考试结束为止他都被关在考场之中，这种情况与其他考试的考官相同。只不过学政身边只有相当于私人秘书的幕友，没有其他属官，所以知府作为事务主管负责全部的考试事务。

到了考试第一天的早晨，除了作为考生的童生之外，各县的知县、县学的教官、生员等人都聚集到试院的大门前，场面极其混乱拥挤。童生在县负责人员的指引下以各县为单位集合，在鸣放第三发号炮的同时，大门打开，考生一个接一个地进入，然后在叫作仪门的第二道门前止步排队。这是为了接受搜身检查，府负责人员每两名为一组从前后检查童生的衣服，确认没有随身携带参考书、秘笈或者金银。之所以禁止携带大额的金银，是因为担心童生收买考场内的负责人员从而做出不端行为。如果这样的事情被发现，检查人员会得到赏赐，而童生则要受到处罚。

在这之后，大概每二十人为一组通过仪门进入考场，然后来到知府面前行礼。此时还有一次搜身，再由做担保人的前辈证明本人身份，最后领取答题用纸并于指定的座位就座。试院是宽广的建筑，有的试院能够同时容纳一千人左右。

答题用纸的封面有一枚小号的贴纸，和封面之间盖有三枚较大的骑缝印。童生在这张贴纸上写上自己的名字，然后把它剥下来亲自保管。之后一直到考试结束为止，童生的名字全都不公开，只使用座位号。

待童生全部就座之时，天也要渐渐亮了。第一道考题是"四书"题，以各县为单位不同的考题被贴在标牌上分发到考场内的相关区域。过了两个小时左右，发布第二道考题。同样是从"四书"中出题，另外还有一道诗题。童生到傍晚时分为止，必须做完这三道考题。

由于院试是入学考试的最终考试，所以必须最为严格地实施。因为是把许多的童生聚集在一起，就必须让他们互相保持安静，还要防范不端行为。学政为此预备了十枚不同的印章，当认定童生有不端行为的时候，便立刻来到现场，在答题纸上对应行为处加盖上不同内容的印章。现将这十枚印章介绍如下。

移席：离开自己的座位。童生只被允许离开自己的座位一次，目的是饮茶及出恭（小解），但规定这时要先把答题用纸交到负责人员那里，等回来后再领取试卷继续书写。然而很多童生觉得这样的手续太麻烦，而且也舍不得浪费时间，据说他们就把夜壶带来直接在座位下面小解。如果是擅自离席，此时负责人员就会立刻过来，在试卷上正在书写的地方加盖这枚印章。

换卷：两人相互交换答题纸。这会被怀疑是预先合谋，想拜托有实力者代笔。

丢纸：将答题纸或者草稿纸丢到地面，说来是不谨慎的行为，但经常会制造出换卷的机会。

说话：交谈。

顾盼：到处张望、偷看别人的试卷。

搀越：发现别人的空位后硬挤进去。

抗拒：不听从并且抗拒负责人员的指示。

犯规：在作答考卷方面违反规则。

吟哦：嘴里喃喃自语。特别是在作诗的时候，往往为了整理韵脚而做出这样的事情，但会非常打扰其他的童生。

不完：日落后还没有完成试卷的情况下，在其最后的地方盖上此印。因为不能避免某时某人会继续补写没有完成的内容。

虽然说在试卷上即使被盖上一个这样的印章，也并不一定能够立即成为有不端行为的证据，但是会在很大程度上破坏考官的印象，基本上摆脱不了落第的命运。哪怕他另外又写出多少优秀的试卷都无济于事。

到了下午的一两点钟左右，负责人员会大声呼喊："快誊真！"（快点誊写好！）到了三四点钟左右，则呼喊："快交卷！"（快点提交试卷！）试卷必须浓墨楷书，犹如活字印刷，书写成笔画准确的方块字。不管文章的内容多么的出色，如果笔迹凌乱难看，考官便不会仔细阅读，直接让其落第。考生检查好自己的试卷，并再次确认是否携带着之前从答题用纸上取下的姓名贴纸，然后从完成试卷的人开始按照顺序提交试卷，以此交换出门凭证。

出门凭证是用竹子制作的牌子，他们在走出内门时将其投入旁边的回收篮里然后离开。他们需要在大门的地方等候一段时间，凑够五十人时大门开启，考生才被允许走出考场。最开始会鸣放三发空炮。一旦上交了出门凭证，不管有什么样的事情，都不允许再次返回考场。

最初的离场是三四点钟左右，但未完成试卷的人还可以暂时留在考场中继续努力。四点钟过后有第二次离场，到了五点钟左右进行最后的离场。如果到了这个时候还在座位上磨磨蹭蹭，负责人员便走过来在试卷上加盖"不完"的印章，然后将试卷收走。

试卷全部提交之后，学政立即非常匆忙地负责审查。由于学政没有作为部下的属官，所以要借助于私人秘书——幕友，由他们来预先审查试卷。因为毕竟试卷繁多，幕友也需要与之相应的人数。即使是小省的学政也需要五六位幕友，而大省的人数就要达到十位以上了。幕友熟知学政的个人偏好，所以推荐的试卷可能都是他中意的文体和类别。考生一方也预先研究学政以前写的文章，以便写出符合他喜好的试卷。因此虽然学政的任期只有三年，但在学问方面会给当地带来重大影响。为此，学政被称为"主持文柄"，也就是左右着文化的发展趋势。

中试者的公布是在考试结束后的第三天。此时不公开姓名，只贴出座位号。中试者的人数以各县为单位，大概录取超过入学限额的三成或五成的童生。

在成绩公布的当天下午或者翌日的上午举行第二场考试。无论是要把童生叫过来，还是对其做出指示，全部使用座位号，而不是本人姓名。童生也只是在试卷的封面上填写自己的座位号。

隔了一天后再公布成绩，此时已经裁减至入学限额，所以几乎已经等同于确定了大家是否合格。除了将中试者编入各县学的入学限额之外，还从各县的童生中选取成绩相对优良的人，他们将被安排到府学的限额中。另外还录取若干预备者，一旦有机会就能省去县试、府试，直接授予他们参加院试的优先权。这样的人被称作佾生，俗称半个秀才，也就是见习生。

但院试并未就此完全结束，尚有第三场、第四场形式性的考试。第三场除了需要解释经书，还必须能够想起并写出自己第一场考试试卷的最初几句。第三场的试卷被拿到学政面前后，学政将其和预先调取的第一场试卷进行比较，检查笔迹是否统一，以及那几句文章是否一致。等这个工作结束，童生提交从第一场答题用纸的封面上撕下的贴纸，如果骑缝印相吻合，则确认考生不是替考者，自始至终都是同一个人。

第二天公布成绩，此时如果没有什么特殊的情况则没有人会落第。

最后还有一回总结性的第四场考试，虽然出题包括"四书""五经"和诗，但并不注重考试的成绩，只要能够准确无误地默写出《圣谕广训》中指定的一条就可以。

在反复进行这种形式性考试的过程中，学政会从县、府调取县试、府试时的试卷，将其与这次院试的试卷进行比对，审查并确认笔迹是否统一。这些都完成之后才公布最终院试中试者的名单。然而此时的责任人并不是学政，而是知府。虽说学政的地位较高，但他本身是考官，只是对童生的能力做出评判。

可是最后通过考试的人必然要进入各自的学校学习，而有权让童生入学的人是作为地方行政长官的知府。总之，这次的成绩发表同时也是入学典礼。从这一点来看，中国的官僚组织有严格的界限划分，条理一丝不乱。

入学典礼当天，知府穿上礼服，率领着随从，待三发号炮鸣响，乘轿从府衙出发，在音乐的奏鸣声中前往府学。府学中有祭祀孔子的文庙，知府在门前下轿并在庙内就座，这时再次鸣放三发号炮。以此为信号，将预备好的写有入学者姓名的纸张揭示于大堂。之所以这次公布成绩的地点不是考场，而是文庙大堂，是因为原本进入国立学校学习的同时，也是正式拜宣扬儒家教化的孔子为师，因此知府的行为带有向孔子报告新弟子入学的意味。

　　无论是学政还是中试者都留在宿舍，不出席典礼。中试者已经不是童生，而是府学或者县学的学生，也就是说他们成为生员并获得了准官吏的身份。新生员在各自学校教官的陪伴下造访学政的宿舍，感谢中试之恩。

　　生员有规定的制服，他们身穿蓝地黑边的衣服，头戴雀顶，也就是有雀形装饰的帽子，此时是他们第一次有机会穿上制服。学政一个一个地接见新生员，授予他们称为金花的帽子装饰物，金花是在红纸上嵌上金箔。这是新生入学的标志，生员们恭恭敬敬地受领金花并把它佩戴在帽子上，然后大家意气风发地回去。

　　在此期间，中试者的姓名被通报给各自的县。县学预先准备好大红纸，在红纸的四周有很多纸片呈花卉图案分散开来，每一张上都写有一位中试者的姓名，然后纸片被送往本人的住处。这被称作捷报，虽然它只是入学通知书，但并不是一张明信片，而是以知县名义颁布的请帖，非常郑重其事。如图所示。

　　图中的三元是说生员在将来参加科举的三个阶段中分别取得乡试、会试、殿试的第一名，即解元、会元、状元。总而言之，这句话是预祝三次都能考取第一名的贺词。

　　捷报一词如字面所示，原本是打胜仗的通报，也就是在军中使用的词语。但自从考试制度兴盛以来，不仅仅是捷报，其他一些战争用语也被原封不动地使用在了

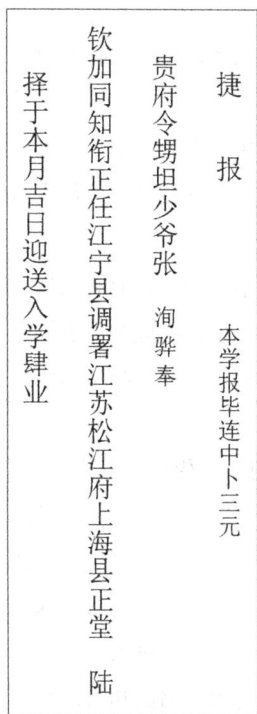

捷　报

本学报毕连中卜三元

贵府令甥坦少爷张　洵骅奉

钦加同知衔正任江宁县调署江苏松江府上海县正堂　陆

择于本月吉日迎送入学肄业

考试方面。比如连战连胜、连战不利、奋战三场、败军之将不谈兵，或者作为反话的千军万马之勇将等等。

县学的听差拿到捷报后，便来到中试者的住处，大喊"恭喜中试"，并递交捷报。家人即使在本人从府城归来之前，也会由于大喜过望而给听差很多的赏钱。据说县学里的其他听差中也有几人会以此为目的过来通报喜事。因为捷报是临时装裱、类似于挂轴的东西，所以中试者的家人便把它挂在外面供别人观看，之后亲戚和好友都跑来七嘴八舌地道贺，顿时门庭若市。

捷报

新生员回到本县之后，县学会举行单独的入学典礼。知县率领教官，将新生员招集到县学的孔子庙中，命他们参拜孔子像，并重新宣誓成为孔门弟子。一般在典礼后，教官会把新生员们叫到一起聚餐。

新生员一方也会邀请亲戚、朋友举行庆贺的宴会，有时还把自己在考场中写的试卷印刷并分发给大家。被邀请的一方作为习俗要带来适当的礼金。另外新生员要向学校的教官赠送束脩，也就是入学金，以及向作担保人的前辈生员赠送谢金。因为往往需要像有钱人那样大肆散财，所以前后统计一下，到院试中试为止，他们必须做好付出相当多开销的心理准备。从这一点来说，穷人入学从一开始就是不可能的事情，在社会上自然而然地形成了由贫富导致的阶级差别，有钱人越来越富有，而穷人不得不一直屈居人下。

岁　试

——学校考试之四

学校制度和科举制度原本是带有不同性质的东西，不能将其混为一谈。学校是教育学生的机构，为此才配置了教官。原本在学校长时间学习并参加数次能力考试以后，优秀的人就可以走出学校直接步入仕途成为官吏。科举制度是为了选用学校培养的人才，才特别举行考试并授予这些人官吏资格，而且作为负责人员的考官也是被临时任命的。

然而后世两者被混为一谈，科举是成为官吏的最佳捷径，由于参加科举的人必须是学校的生员，所以学校的入学考试被当作科举的前一阶段来对待。而且因为报名者很多，政府不得不将入学考试分为几个阶段，淘汰掉过多的人。这样一来入学考试变得越发困难，从而顺理成章地变成了科举的预备考试。

但原有制度也作为制度被原封不动地延续下来。而且从教育的立场出发，学校会实施称为岁试的能力考试，这才是学校考试的主要部分。但岁试并不是选拔考试，而是单纯的能力考试，所以大家都逐渐无视了它的存在。

学校的限额有两个含义。本来关于学校生员的固定人数，即使是大型的学校，也规定不得超过四十人，而小型的学校只有十五人。这是原本的限额，除此之外便没有富余了。因为生员人数少，政府才能为每个人提供饭费意味的学资，领取学资的生员称为廪生。如果严守这一限额，只要不是廪生死亡，或者被提拔进入中央的太学——国子监学习，就不会产生缺额，那么新生入学是不可能的。然而对于地方人士而言，因为生员的身份直接牵扯到参加科举的权利，所以有人非常迫切地希望增加限额，政府也鉴于舆论，最终允许若干名不提供学资的生员入学。这样的人称为增生，人数与之前的廪生基本相同。

另一方面，学校教官的人数非常少，每所学校根据资格而拥有教授、教谕、训导名号的人不过两三位，因此真正能够受到指导的生员人数差不多已达上限。

不过由于地方人士让子弟入学的愿望，换言之也就是获得参加科举考试资格的愿望越来越迫切，政府终于受到其压力，决定每三年选拔两次新生员，但他们的身份只是见习。这次并不是从在学人数方面限制见习生，而是规定了三年两次举行院试时的中试人数。即使是大型的学校也如上所述，人数上限为二十五名。

这种见习生被叫作附生。新入学的生员最开始都是附生，附生虽然有入学的限额，但在整体上没有限额。附生无论是升格为增生、廪生，还是死亡，都不补充缺额，也不增加入学限额。换言之，就是廪生、增生都有在籍限额，如果出现缺额，便将附生升格进行补充，但附生没有在籍限额，而是每当院试时按照考试限额人数入学。

三年两次、分别有数十名作为新生员的附生入学，这会逐渐增长成为巨大的数字。结果就是两位或三位教官无论如何都无法完成教育。因此教官不只是放松自己的学习，同时对于生员的教导也变得马马虎虎。生员一方也不理睬教官，想学习的话，便自主进行。事实上，这些学校的教官大都待遇很差，素质也很恶劣，生员并不十分尊敬他们。

朝气蓬勃的年轻人以优异成绩考取科举后都将成为行政官员。不过即使担任行政官员，一些看起来无能并且死心眼的人也会被贬为教官。其他被任命为教官的人也都一无是处，比如考取科举的老年人，或者是科举中途灰心丧气的人。因此教官在官僚社会中几乎得不到重视。

行政官员需要回避，也就是不能在原籍当官，这一规定不适用于教官，但这绝对没有优待的意思。因为教官没有被授予任何权力，所以即使在原籍做官，周围都是亲朋好友，也完全不用担心他们会被人活动去做坏事。他们从最开始就没有任何做坏事的权力，比如在入学考试的时候，教官只是随行于作为行政官员的知县，根本接触不到考试的实质。而且一旦成为教官，终其一生都不得不忍受微薄的收入。他们几乎没有重新成为行政官员的希望，在考试之际，只能跟在年轻的知县后面转来转去。

而新生员因为突破了人生难关的第一阶段，所以有的人就变得意气风发。虽然接下来终于到了科举的阶段，但他们从制度上讲还是学校的学生，那么就必须理所应当地以学生的身份参加学校安排的考试。这便是学校原本的考试——岁试。

各省的学政在三年里两次巡历管辖之下的各府，并在这个时候举行岁试。府下的生员，不问廪生、增生还是附生，全员都必须参加考试。而且根据考试成绩，附生升为增生，增生升为廪生，廪生更进一步升为中央大学的国子监生，如此逐步提升身份。国子监生可以被略称为监生。而此时的考官是学政，本校的教官并不参与其中。尽管如此，如果整体的考试成绩不理想，教官还是会受到学政的训斥，说他们在教育上不热心。

岁试所出的题目为一道"四书"题、一道"五经"题以及一道诗题，在最后要求默写一条《圣谕广训》。考试只用一天时间，成绩分为六等，一、二等称为优等，三、四等称为中等，五、六等称为劣等。对优等有升格的奖赏，附生考取一等时，如果廪生有缺额则立即升为廪生，如果没有则和二等之人一同被提升为增生。如果增生也没有缺额，就不得不再等待一段时间了，不过实际上这样的机会并不容易到来。中等之人不做处置，而劣等者则受到惩罚被降格。附生五等时被降为青衣，六等时被降为发社。青衣可以说是停学处分，发社则是可以复学的临时退学处分。如果下次岁试还是考了劣等的成绩，就要开除学籍并剥夺生员资格，降为普通的平民。

升到廪生的人再经过十年以上的时间，根据学政的推荐，可以进入中央的太学，升格为监生。但实际上由于是按先来后到者的顺序被推荐，据说到升格为止需要花费二十年以上的时间。除此之外，学政在岁试之际，如果认定某位生员的成绩出类拔萃，则不问在学年限，也不管是廪生还是附生，在他任职期满回归中央的时候是可以将这样的生员推荐送入太学的。并且学政会屡屡提供这样的推荐机会，而成为中央太学监生的人除了依然有权利参加科举，还可以参加太学中的考试，通过这个成绩便能在不依靠科举的情况下走上仕途。

以上所介绍的从地方学校到太学，再从太学到官场的途径才是原本学校制度的精神，因此在地方学校举行的岁试才是学校自身原本的考试。本来学政的任务也是监督地方学校教育，并把优秀的人才推荐给中央太学。

然而实际上成为太学监生以后，步入仕途的道路也非常狭窄，而且很难获得自己所希望的行政官员地位，在徒然的等待中空耗了青春。因此无论是地方学校的生员，还是从那里脱颖而出成为太学监生的人，都同样地为了科举而专心学习，结果就是好不容易存在的学校制度被大家无视了。中央政府的方针也是轻视学校的存在，将重心主要放在了通过科举选拔人才上面。学政也不重视作为本职的岁试，而只把精力倾注在了入学考试的院试上，结果他的任务变得本末倒置。

同时对于生员而言，岁试只是单纯的能力考试，不是竞争性考试，所以既不需要紧张也没有任何魅力。即使取得了优异的成绩，为了升格还需要漫长的等待。即使走运成了中央太学的监生，在社会上也并不受人追捧。他们在中央政府眼里，不过是多余之人。因此大家都想方设法不参加岁试，毕竟参加的话只是在浪费时间。为了防止这样的情况发生，政府规定如果连续三次缺席考试，就剥夺生员的资格。结果生员将其理解为自己有两次缺席考试的自由，前两次都托病缺席，只要参加第三次就行。因为岁试三年只有一次，所以九年里可以只参加一次。

与排斥岁试一样，他们成了生员以后便可以放下心来，甚至连学校都无视。实际上在那里只有两三位年老体衰的老学究，他们就如同是科举落伍者的样本。学校没有任何授课，就算有，完全跟不上时代的愚顽教官对于当下学问的新动向也是一无所知。到入学为止，学校都是重要的，但只要成功入学，学校就像无用之物一样不被生员们放在眼里。

事态之所以会如此发展，其责任多半在于政府。原本教育就是耗费金钱的事业。而政府忘记了设立学校的本来宗旨，不改变学校的设施以及教官的人数和待遇，只是一味地增加生员的数量，如此一来，想要进行教育也是妄谈。

不过政府完全不感到为难，因为除了学校还有科举。只要先建好考场，然后时常派遣考官举行考试，报考者就会云集至此。所以通过科举选用官吏就已经足够了。不止于此，实际状况是官吏人数过多，政府在授予实职时都感到头疼。但只是举行考试的话，就不需要为了繁荣学校而耗费资金。这才是更划算的做法，因为实际的教育活动都被交给了民间随意进行。

生员已经不是童生，而是人前显贵的绅士。他们虽然还不是官吏，但被授予了准官吏的待遇，也就是身穿作为生员的特别制服，头戴相当于高级官员末位的九品官帽。平民如果在路上碰见他们，需要给他们让路，要是他们出现在平民集会的场合，当场不管有头发多么花白的老人，生员都会被请到最上座来就座。若是平民敢对生员无礼，则被处以侮辱官员的罪行。哪怕有犯罪的嫌疑，官府在没有学校教官同意的情况下也不能逮捕生员。总之就像是在日本旧军队中的见习士官那样，到昨天为止下士官和兵卒还令人害怕，今天突然会受到来自他们的敬礼。

与此同时，生员被禁止做出有损自己颜面的行为。他们虽然能够在官僚的社交界抛头露面，也可以同地方官进行对等的交往，但严禁利用自己的特权像讼师那样涉及诉讼，或者依仗人身不受限制而拖欠租税。他们必须特别小心的是对于政治的评论和发言，这是因为即使享有官吏待遇，毕竟是学校的生员，也就是说身份还处在学习期间。如果是从事农工商的人，哪怕是平民，也有权利从自身职业的立场出发，发表政治上的言论。生员就应该专心学业，没有其他工作，所以对政治无权置喙。

然而生员也必须要生活。虽说是成了生员，但是参加科举考试的话，并不是那么容易就能通过。如果是富裕之家，不管是几年还是几十年，都能够寄希望于下次机会，继续学习，但中等家庭在经济上就不允许这种一直无所事事的状态。幸好成为生员后，即使他们不是官吏，也有类似官吏的副业，这便是去担任作为官吏私人秘书的幕友。

在旧中国的衙门，也就是官府中，有成百上千的本土胥吏或者说书记在工作，但由于他们背着长官做坏事，所以完全不能信任。于是长官聘请可以说是私人秘书的幕友作为智囊团。中央和地方的大员自不必说，就连地方基层的一县长官——知县也需要至少数名、最多时十几名的幕友。因此生员在寻找门路时，都希望被有可能飞黄腾达、很有权势的行政长官聘做幕友。因为津贴是出自长官的腰包，虽然没有高薪，但维持一家人的生计是足够的。在此期间，副业变成了本业，有人已经丧失了参加科举的志向。这种放弃对科举的希望，一生满足于生员资格的人就被说成是"断了进取之心"。

科 试
——科举考试之一

　　科举从一开始就是选拔考试，其本身不包含教育的意味。它的目的只是将学校培养的人才通过考试进行进一步的挑选，把这些人任用为官吏。

　　宋代以后，科举分为三个阶段，先是在地方举行乡试（解试），然后将中试者送到中央，中央政府举行会试（贡举），最后在原则上由天子亲自举行殿试并做出最终的决定。但到了后世，附属于这三阶段正式考试的小考试逐渐增加，考试体系从清代开始变得非常复杂。首先设有意为乡试第一次预备考试的科试。

　　各省的学政在三年的任期中，必须两次巡历管辖之下的各府，第一次是招集学校的生员举行岁试，以便检查他们平时的勤惰，第二次则举行科试。科试只是面向想要趁着接下来的机会参加乡试的生员，测试他们是否真的有足够的实力参加乡试，同时也有限制人数的目的。而在生员一方看来，由于岁试不重要，所以大家都敬而远之。但如果不参加科试，将来可就不好办了，因此虽然没有奖励和强制，这些功利之人反而争先恐后地参加。

　　科试所出的题目由一道"四书"题、一道策题、一道诗题构成，除此之外还要求默写一条《圣谕广训》。策是政治上的议论，因为从这以后的科举考试都必然会出策题，所以就预先考查这一项。《圣谕广训》没有被用在之后的科举中。不过这也是天子自身的意向，毕竟

《圣谕广训》的创作原本就是为了初等教育和平民教育，所以对于意味着任用官吏的高等考试而言则并不需要。不过由于参加科试的生员在原则上身份还是处于学政管辖之下的学校学生，因此需要测试他们到目前为止究竟是否充分了解自己的本分。

科试的成绩和岁试一样分为六等，理所当然地授予一、二等优等生参加乡试的资格，不过这种资格只限一次。第三等只有前面的五到十名能够获得参加乡试的资格，而后面的人都没有及格。但在即将开始乡试之前，学政会再次将他们招集起来举行补缺考试，以各府为单位批准通过和上次中试者几乎相同人数的生员。可是这要先参照考场中能够容纳人员的数量。

获得参加乡试资格的生员被称为举子。按规定举子的人数是预计通过乡试限额的五十四倍到八十八倍，但如果考场中还有空间，也可以再增加举子。这是被称作"大收"的盛宴。结果经常是有百倍于中试者的举子参加乡试。

乡　试

——科举考试之二

考试日期

　　法令规定乡试三年一次，分别在子年、卯年、午年、酉年举行，并预先指定日期。八月九日开始第一次考试，第二次在十二日，第三次在十五日，完全结束则要到十六日。虽说是八月，但这是旧历。按现在的历法来说是在九月举行，恰好花费了中秋明月之前的一周左右时间。政府考虑到了考生的辛苦，所以选择了一年之中气候最佳的时节。

　　如果是在宫中有重大喜庆事件的时候，比如天子即位、举行为天子或皇太后贺寿的典礼，科举除了三年一次之外，还会特别增加一次，称为恩科。原本科举是天子为了选用能够辅佐自己的官吏，作为一项崇高义务而举行的考试，但到了后世，这样的意味减弱，科举被理解为天子的恩典，它为那些想要做官的人民打开了仕途。增加一次考试是天子的特殊恩典，于是便按照这样的意思称其为恩科。如果恩科处在举行科举考试的两个年份之间则不会出现任何问题，一旦年份重合，那么通常是将两者错开半年左右的时间举行。

派遣考官

乡试是把省内的举子招集到各省的首府中举行。比如河南省是开封府，江苏省是南京江宁府。考官是临时从中央选拔的，被分别派往各省。人数以各省为单位，正考官一名、副考官一名。由于毕竟此去是肩负着重要的任务，所以朝廷事先会召集可以派遣的官吏，举行考试后才对他们进行任命。不到最后时刻是不会决定派遣谁去哪里的。这是为了防范有人开展不良的活动。

乡试的考试日期是正式确定的，到时全国一起举行，但由于考官是从中央派往远方，所以到达目的地需要相当多的天数。他们必须赶得上考试，但不能到达当地太早，否则可能有人进行不正当的活动。因此中央会估算行程，让两位考官不早也不晚地出发。

比如去往离中央最远的云南省、贵州省的首府，从北京出发大概需要三个月的时间。于是在四月下旬，中央政府的大臣便把考官或者可以成为考官的人员名单提交天子，天子从中指名由谁来担任正考官和副考官，然后在五月一日公布并正式任命。被任命的人不得在京城拖延，最迟也必须在五日之内出发。如果是五月五日出发，路上大概花费三个月的时间，那么恰好能在八月九日考试日期的前几天到达云南省、贵州省的首府。去广东省、广西省、福建省预计大约需要八十天，而更近的山东省、山西省、河南省则是二十天的日程。离京城越近，则被越晚任命。当时是旅行不便的时代，利用的是运河和长江的水路，因此才会花费这些天数。但考官毕竟是作为天子的代理人而被派遣的使者，也就是钦差，所以只要在船上挂起写有钦差的旗帜，其他船只就都会躲到一旁，让它优先通过。地方官也为了不出现过失，会一律地给考官以优待。

考官到达目的省份的首府时，总督、巡抚、布政使、按察使、知府等地方大员会出来迎接并殷勤接待。他们还要向考官介绍协助审查试卷的官员以及负责考试事务的官员，这些官员都是预先确定好的。

考试的负责人员原本就分为两支系统。一支是试卷的审查人员，由于从中央派遣过来的正副考官只靠自己根本忙不过来，所以就在地方官吏中选用学识出众的人作为辅助人员，他们被称为同考官。人数是大省十八名、小省八名。因为同考官是由总督、巡抚委任，所以大多数情况下是从知府、知县中选出的。学校的教官则不在被考虑的范围之内。这些正考官、副考官、同考官，总之带有考官之名的人都是直接负责审查试卷的，他们也被称作内帘官。

除此之外，还需要单纯负责考试事务的系统，叫作外帘官。其总负责人称为监临官，由总督或者巡抚担任。在他之下还井然有序地设有事务局长、监督官以及下面被授予各种特殊任务的官吏，包括受理试卷、整理、搜身、誊写、校正等。

考场

考场被称为贡院，在各省首府都有常设的建筑。到之前的科试为止，都是在大的会场里排列桌案，让考生在此就座。但贡院是汇集了成千上万独立房间的地方，这种房间像蜂巢那样每间恰好只能容纳一个人，房间彼此相连呈长条形状，如同马厩一般，因此在整体上占用了很大面积的土地。

现在我们以南京江宁府的情况为例加以说明。南京贡院面对着以篷船闻名的秦淮运河，拥有运河之北的广阔土地。三座巨大的石筑坊门面河而立，在里面能看见贡院的入口，也就是大门。进入大门后会看到稍微宽阔的场地，二门在其北面。穿过二门后面的龙门，则有一条大道向北延伸，被称为甬道。在甬道的东西两侧，每隔两米左右就有一个小径的入口，这种小径被叫作号筒。

从这样的入口进入、与入口的狭窄相比，没想到里面极深，一眼望不到尽头。而且在小径一侧按一米左右的距离分隔出小房间，也就是被称为号舍的独立房间，无数这样的房间向深处紧密排列。现在来讲，号舍就是小房间，但实际上也不配称作房间。因为号舍既没有门，也没有家具，只不过是三面用砖墙隔开并带有屋顶的空间。地面当然是泥土地，不过有三块大木板。将木板架在墙壁和墙壁之间，最高处的一块是放东西的搁板，然后是桌案，最低处的一块是坐的地方。除此之外没有任何设施，简直是没有格子门的监牢。作为乡试考生的举子必须在这里连续度过三天两夜的时间。

小径非常长，想走都走不到尽头。一侧的号舍也是连绵不绝。但因为是三年才使用一次的建筑，所以平日的维护也非常差，屋顶上杂草丛生，感觉房檐要塌下来了，墙壁还渗着潮气，散发出霉变的味道。如果是一个人在晚上误打误撞进入了这样的地方，不知会有怎样令人不快的感受，一定能感到啾啾鬼哭。

这个小径不管有多长，最里面都是死胡同，没有可以穿过的地方。稍加考虑，可能以为它会像八幡不知薮、迷津园（labyrinth）那样一旦进入就无法脱身。实际上并非如此，因为它是一条走不通的死路，所以如果想出去，只要朝着和进来时相反的方向，无论走多远，最终一定会自然而然地走到通往大门的宽阔甬道上去。

在甬道的半途上有一座被称为明远楼的宏伟高层建筑。这是在举行考试时用于监督和传递信号的地方。此外还有几座叫作瞭楼的高大望楼用来监督。由于举子所处的号舍没有门户，任凭风吹雨打，所以从各处的瞭楼和明远楼遥望的话，好像就能够对考生的动向尽数掌握，然而在这般广阔的场地，可想而知不可能有那样的效果，只不过是加以威慑吧。

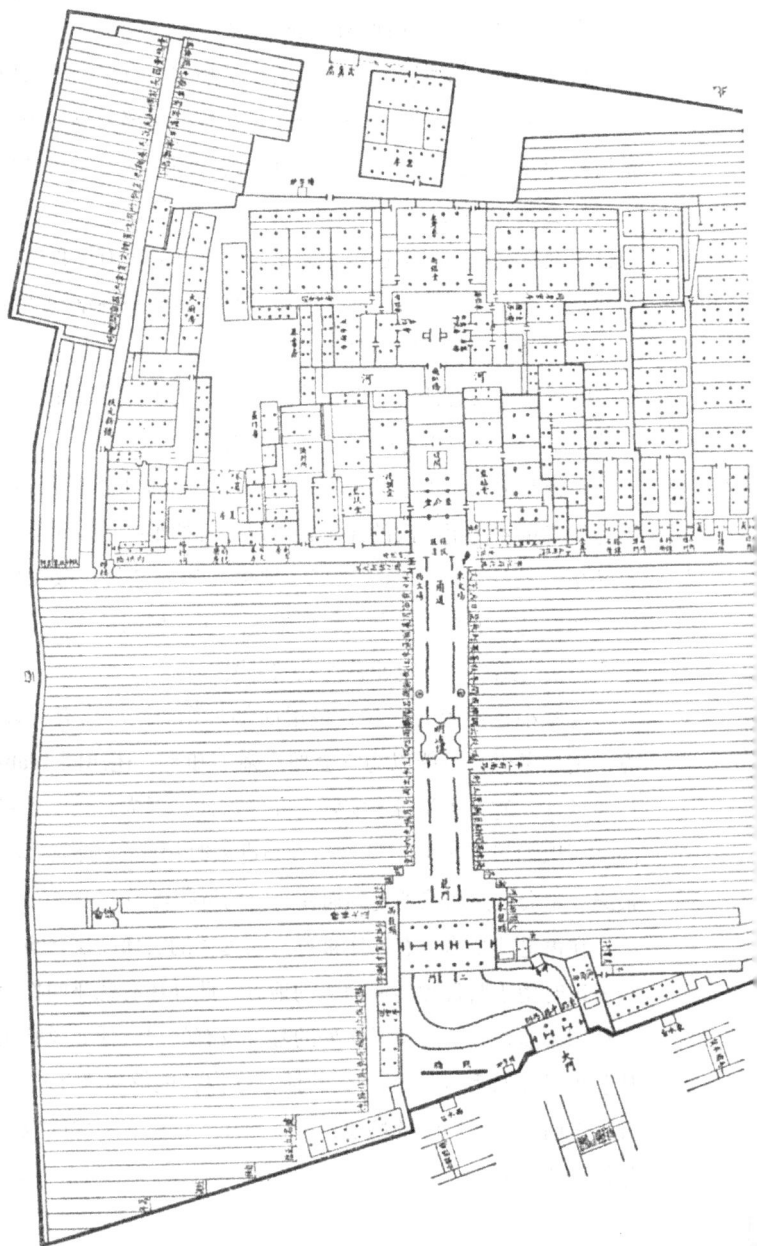

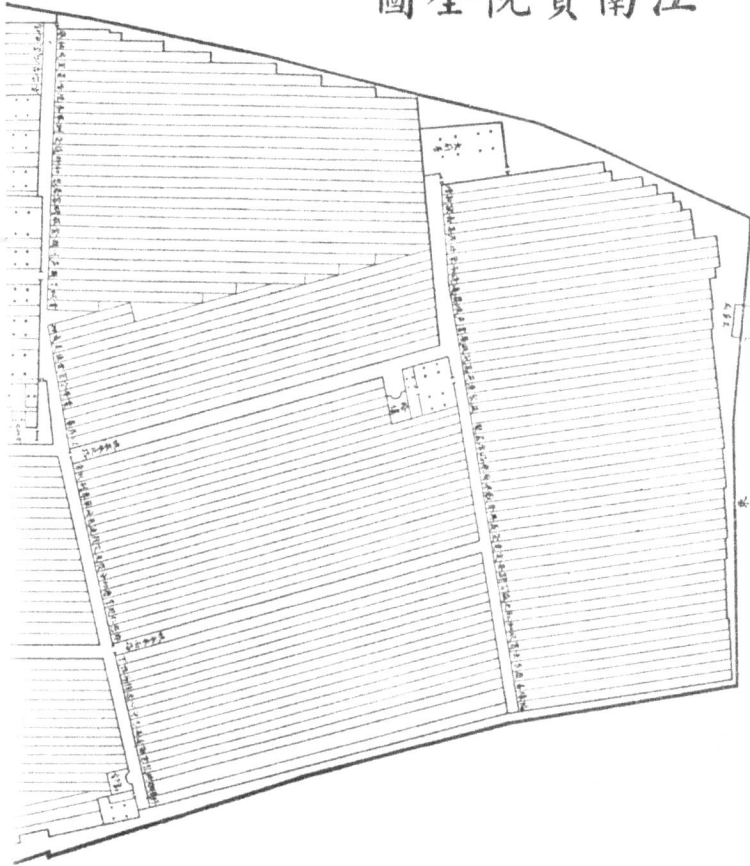

江南（南京）贡院平面图

穿过明远楼，继续沿着甬道向北走，便来到了一座大型别院的门前，别院被更为严格地用围墙围住。其内部包含了考试负责人员的宿舍和办公室，他们要被关在这里一月有余，而且别院还被运河分隔成了前后两半部分。前面是负责考试事务人员所居之处，也就是外帘官的居所。因为外帘官管理考试现场，并且负责整理试卷，所以能够往来于考试现场，但不能与里面的内帘官居所相联系。内帘官是负责审查试卷的官员，他们全部被关在自己的居所之中，到审查完试卷为止，不得走出墙外一步，是最被限制人身自由的人。

因为数百名负责人员被隔离一个月，所以需要大量的食物，而这些都被预先储备在了院中的仓库里。内部被如此这般地重重分隔，周围围以厚重的高墙，切断了同社会的联系，出入口只有一个，即南面的大门。无论是考试负责人员还是举子，只要是个人，就都只能从大门出入。外面连一个狗洞都没有，但唯独水和排泄物例外。考试中举子的砚台和炊事用水量是巨大的。为此在大门的左右两侧各设有一处从外向内输送清水的装置，称之为水台。在考试之前由挑夫从这里取水，然后蓄满考场内各号筒也就是小径入口处的大水缸，待考试期间由于使用而减少后再随时补充。之后就是举子的工作了，他们各自提着砂锅到此领水。关于排泄物，考试后由挑夫将各小径尽头厕所中积累的排泄物收集起来，再从东侧仅有的一处出粪口抽出。虽然北侧还有一处出粪口，但那是处理考试负责人员排泄物的地方。

除去这几处进出通道，外围的高墙上连蚂蚁进入的缝隙都没有。因此如果在考试期间举子突然死亡，那么就很难处理了。大门紧紧上锁，不到时间绝对不会打开。于是无奈之下，只能把尸体用草席卷好，然后从围墙上抛到外面。

彻夜作答

八月五日，负责考试事务的人员首先入场，此时进行搜身检查，除了携带必不可少的衣服和随身用品之外，多余的东西都被禁止带入。

第二天，作为试卷审查人员的正、副考官受地方上的总督、巡抚等大员的邀请，莅临简单的酒宴。然后总督或巡抚作为考试主管的监临官，和负责事务的提调官以及辅助审查的同考官等人一起携手进入考场。正考官和监临官为了能够被外人看到，特意敞开轿子的窗户在街上缓步行进。到达考场后，号炮大鸣三声，厚重的大门左右打开。考官的身影就此消失在了里面的建筑中，而监临官则率领部下遍巡考场，检查准备是否周密。自此，进入考场之内的负责人员直到考试结束为止便住在场内，断绝了与外界的联系。

另一方面，举子从省内各地陆续向首府集合，在使用船只的情况下，如果是在船尾打着"奉旨某省乡试"的旗号通过，也就是敕命举行某省乡试的参加者，据说内地的关卡就不会触碰他们的行李。

到达首府后，举子便去官办的接待处购买答题用纸。这是用厚厚的白纸做成的折本，有十四页和十六页两种。无论哪一种，第一页都印有红色的格子，共十二行，每行二十五字，共计三份，此外还需要草稿用纸。在折本的封面有书写姓名、年龄、容貌特征的栏目，各自填写好后寄存到负责人员那里，然后领取三份寄存证，由自己保管。这是为了在考试当天出示给考场内的负责人员，以便换取答题用纸。

八月八日也就是考试开始的前一天是举子入场之日。夜半零时左右，第一发号炮响彻四周，大概三十分钟后鸣放第二发，再过三十分钟鸣放第三发号炮，然后以此为信号，考场的大门打开，举子陆陆续续拥到门前。首先在门前进行点名，省内数十至百余名各县童生根据其出生地区被分为了十几个"起"（组）。"起"的标志是灯笼和旗帜，属于第一起的举子在写有"第一起"的一盏灯笼下集合。第二起灯笼的数目为两盏,像双胞胎那样悬挂,而到了第十几起,则宛如祭祀台房檐上垂下的提灯一般,分五列悬挂。所以即使举子看不清文字,也知道自己应该去哪里集合。天亮以后,他们便以旗帜作为集合的目标。

点名的时候,各学校的教官都在场辨认考生是否为其本人。点名结束后,在负责人员的引导下,举子们以一起为单位穿过大门进入考场。从通过大门开始,陪同之人便不能往里走了。举子们都抱着大件的行李,但这也是理所当然,因为必须在考场中度过三天两夜,所以除了砚、墨、笔、水盂之类的文具,还需要带进来砂锅、食品、又薄又硬的棉被,甚至是挂在门口的帘子。因此如果点名结束,他们便和送行的人分开,自己扛着沉重的行李进入考场。

在进入大门后会进行搜身,四名兵卒同时对一名举子所穿的衣服上下摸索,并让他打开行李以便检查里面的东西。书籍当然不用说,就连带入写有文字的纸片都是严禁的,兵卒一旦发现则被赏赐三两白银,所以审查极其严格,据说甚至要把包子切开检查里面的馅料。然而不知某些人是怎样做到的,每每躲过负责人员法眼将作弊用的秘笈带进考场的事情并不稀奇。听说严重的时候竟然有一家书店那么多的书籍被带了进来。

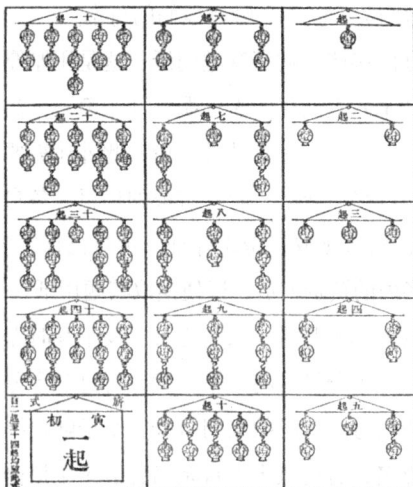

入场的标志

搜身检查结束后会授

予举子入场证，但在第二
道门那里还有一次携带物
品的检查，在这里如果被
发现有不端行为，不光是
举子本人，最开始的检查
人员也要受到处罚。通
过这里便来到了第三道
门——龙门，前面就是被

作弊用的袖珍本

称为甬道的大道，左右有各号筒也就是小径的入口，在入口处按千字
文的顺序分别写有一个大字，举子找到自己的小径入口并进入其中，
然后按数字号码找到自己的号舍。

举子进入自己的号舍也就是独立房间以后，首先就是整理携带物
品。虽说是整理，不过是把三块木板从这面墙架到那面墙，上面的当
作搁板，下面的当作坐席，中间的当作桌案，再将文具拿出来摆放
好，总之不需要的东西就全放在搁板上。毕竟由于有一万名，有时甚
至是两万名举子接受搜身并入场，所以就需要从黎明到傍晚足足耗费
一整天的时间。因此一大早就入场的人便在坐席上打盹儿。这种时刻
实在令人忐忑不安。

举子大概每二十人就要配备一名杂役，他们是被称为号军的兵
卒，平日里处于社会最底层的他们，终于在此时能够发泄平时的郁
愤，便大声叫喊，使得举子提心吊胆。在他们看来，聚在这里的举
子们最终只要能够通过考试，必定会摆起官员的架子，蔑视自己如
尘芥。

入场造成的混乱持续一整天，等到举子全部在各自的号舍中安顿
停当，作为总裁的监临官才将大门上锁并贴上封条。在此之后无论发
生了什么事情，到考试结束为止，这道门都不能被打开。举子们不得
不无所事事地在各自的"单人牢房"中度过一夜。虽说是气候宜人的

号舍的内部

仲秋时节，但对于无门遮挡的单人牢房而言，带着寒气的夜风会穿过短小的帘子，毫不客气地吹进来。在坚硬的木板上铺着的薄棉被不足以抵御夜晚的寒冷。最糟糕的是房间很狭小，无法将腿伸开。只能像虾那样弯着身子暂时打个盹儿。尤其是从远离首府的乡下赶来的举子们，家乡的父母、兄弟、朋友都在惦念着自己的平安与否，他们的面影仿佛在眼前不时地浮现着。

但与之相比，更重要的是这一晚不能安稳地酣睡，因为在第二天一早天还没亮的时候，考试便开始了。伴随着号军的大声叫喊，以此为信号的负责人员走了过来，将之前寄存的答题用纸与寄存凭证交换发还。在比对确认本人和答题用纸封面上的姓名、年龄、容貌特征没有出入以后，负责人员在答题用纸上加盖"对"也就是表示一致的印章。如果没有这个印章，提交试卷时将会被拒绝受理。当日所出的考题为三道"四书"题和一道诗题，而诗是指定了韵脚的。考题印于一张不相称的大纸上，发给每人一张。数位负责人都要检查确认没有错误，并在这张考题纸上加盖若干印章作为标志。

得到考题的举子们从这一刻起便冥思苦想，穷尽有生以来的智慧着手完成试卷。时间是充裕的，期限到第二天（十日）的傍晚为止。他们首先在草稿纸上充分斟酌，等到最后自信满满之时才开始誊写。在不安、焦躁、兴奋的循环往复间，时间无情地流逝着。肚子饿了就吃自带的包子，时间上充裕的人还用砂锅烧饭。在两天的漫长时间里也有下雨的情况。房檐上流下的雨水可能会被风吹到没有门板的单人牢房之中。这种时候，如果不想让比自己性命都重要的答题用纸被雨

贡院全景

水淋湿，那么即使自己淋湿也必须拼命为了护住答题用纸而付出令人心酸的努力。到了晚上可以点蜡烛，但蜡烛若是倒下从而使纸上留下火烧的窟窿，则就不好办了。没有经历过风吹雨打、被悉心养育的富家少爷在此时也必须自始至终一个人独立应付。说起来他们好比是旧日本军队的新兵。

到了晚上疲惫的时候，举子们可以取出薄棉被休息片刻。但他们看到隔壁灯火通明，想来自己也不能落后，便重新一跃而起继续写试卷。疲劳与兴奋并存，大部分人的头脑都会变得有些不正常，很多人都无法发挥出正常的实力，但更严重的是生病或发疯。

贡院闹鬼

在考场中生病或者出了意外的问题，都被认为是非常不光彩的事情。因为那一定是平日里品行不好的结果。道教思想在中国遍布于各个阶层，暗地里做好事的话，即使不为世人所知，也会在某个时候被神仙赐予福祉；倘若是做了坏事，大家则相信必然会有恶报。这种因果报应出现最多的地方无外乎是考场了。

读书人必须最小心的恶行是淫，也就是女色。所谓淫并不是指沉迷于艺妓的事情，而是伤害了普通女子的尊严。之前犯下这种恶行的举子不管头脑多么好，一旦到了紧要的时刻就必然会失败。某位举子在考场突然发疯，不停地叫喊："饶了我吧，饶了我吧。"看他的试卷才发现上面一字未写，却画了女人的鞋子。这个举子曾经夺去了一位年轻侍女的贞洁，侍女因此自杀，她的亡魂显现，折磨举子并让他发疯。

与之相似的故事数不胜数。而不可思议的是闹鬼主要集中于乡试。也许是乡试在贡院这个经常令人毛骨悚然之地举行的缘故。举子入场后，大门一旦关闭，则直到考试结束都绝对不能再打开，内外彻底隔绝并且内部完全孤立于外界。贡院之内可以说是脱离了婆婆世界的、地方官统治权和警察权都触及不到的另一个世界。而且由于只允许在这里报仇，所以幽灵和鬼怪才瞄准时机出没其中。清朝末年出版的《劝戒录选》一书述说了很多这样的神鬼怪谈。

某年的南京乡试，有位从乡下来的举子想要在旅馆中住宿，便和店主人商量店钱。举子说是自己一个人住店，但店主人却说是两位。

店主问："哎呀，您身后的夫人不住店吗？"

举子听后回头去看，却什么人都没有。

店主又问："这位气色不好的女子不是您的夫人吗？"

被询问之后，举子立刻脸色铁青、惊慌失措。

他说："这次考试实在不祥，我还是放弃吧。"

说完便飞快地逃走了。之后，留下的女子面向旅馆主人气愤地说："你真没同情心。我好不容易找到了仇人，本想冤仇得报，你却净说一些没有用的话，结果让他跑了！"

店主很为难地说："他刚刚才离开，立刻追上不就可以了吗？我可什么都不知道啊。"

女子猛扑过去，对他说："你难道不知道吗？死人只能在贡院里报仇。好不容易找到的机会，却拜你所赐搞得乱七八糟。你这个东西，现在该怎么办？既然这样，我就让你替他上黄泉路吧！"

店主吓了一跳，他说："请等一下。确实是我不好，请您饶了我吧。不过还有机会，请再等到下一刻吧。您回冥途的路费无论多少都由我来出。"

女子稍微平复了情绪，以店主在当晚烧纸念经为条件，约定好后便在狰狞的笑声中消失不见了。

下面是一个叫黄钺的人所经历的现实故事，黄钺是乾隆年间的进士，后来晋升到了礼部尚书（相当于日本的文部大臣）。他去参加乡试，在入座于考场的号舍之后，看到了一位年轻女子摇摇晃晃地走在前面的小径上。女子衣着褴褛、披头散发，但无论是面容还是身姿都非常美。不可思议呀，女人不应该能进到这种地方来啊。这一定是妖怪！想到这里，他便叫住了恰好走到面前的女子。

黄生大喝道："喂！你这妖怪，想干什么？"

女子回过头来说："您是大人吧？我要找的并不是大人。请您放过我。"

自己被叫作大人，黄生非常高兴。妖怪具有能够看透未来的神通之力。于是他壮起胆子沉着平静地开始了问答。

"那么你在找谁？"

"实际上是叫某某的人。"

"那是我家乡的朋友。他确实在这里，有什么事吗？"

"虽然羞耻，但为了把事情讲清楚，还请您听我说。我是租了某块田地的佃农家女儿。他由于偶然的机会而对我一见钟情，无论如何都求我做他的继室。我刚开始并没有当真，但他非常热情，最终我被感情所束缚，开始和他交往，不知什么时候有了身孕。结果他的态度突然转变，对我冷酷无情，背弃了如此坚定的承诺，娶了别人做继室。父亲很着急，几次去商量，但根本不被理睬，反而责备起我来了。于是我自己去找他。然而看门人并不放我进去。我无处安身，便投缳自尽了。但是，最可恨的还是那个畜生。我现在要去杀了他。请您不要管我。"

"原来如此，听起来你说的都在理。听了这些，我也很气愤。但实话实说，他是我的亲友。因此可不可以商量一下，有什么办法能够原谅他呢？无论你说什么，我都代替他许下承诺。首先将你改成他的正室，举行正式的婚礼，并给你父亲足够的聘金。而且如果现在的继室生了男孩儿，那么就让他做你的孩子。如果孩子自己或者他的儿子飞黄腾达了，那么你也能够被授予爵位。请改变一下想法，祝愿孩子出人头地，也给我一个面子吧。"

黄生拼命劝说后，女子低头良久，但还是答应了。

"这也是宿命的因缘啊。那么就拜托大人了。"

黄生便把在附近的那个人叫来。他看到女子在场，脸色立刻变了，蹲在黄生身旁，想把脸遮住。黄生质问他，而对方只是不停地说饶了我吧、饶了我吧。黄生又把和女子承诺的各条都进行了说明，他则一边瑟瑟发抖一边回答就这样办、就这样办。女子终于高兴起来。

她说："这样太好了。如果没有遇见大人，不知道这件事会拖到什么时候，托您的福，我也可以瞑目了。"说完便消失了。据说黄生和那个人都成功中试，还通过了之后的考试而一起成为进士，并且做了大官，而变成了亡魂的女子也蒙受了追赠爵位的恩典。

这样的事例可以看作是有钱举子常犯的罪行，也就是淫，一般认为淫是举子特别应该小心的。在贡院中碰见亡魂并举行调停裁决，的确是中国式的故事，但这也说明了贡院的氛围是非常特殊的。

不过这个故事虽然是某人直接对于黄大人所述的听闻，但恐怕添枝加叶了。说不定是黄生担心他朋友以前的行为，以一同进入贡院为契机，谈起亡魂的事来严厉规诫，从而让他悔悟。然而实际上流传着很多这种被亡魂折磨致死或者考试失败的故事。

这是某人亲身经历的事情：在乡试入场的第二天晚上，他点燃蜡烛仔细推敲试卷的构思时，突然冷风吹了进来，灯火好几次差一点要被吹灭，此时蓦地现出了一张年轻尼姑苍白的脸。他吓了一跳，不由得差一点要叫出声来。

尼姑却说："啊，不是这里。对不起，我弄错了。"说完便消失了踪影，结果旁边号舍的考生突然间发出了声响。先是有责问的声音，然后出现了谩骂、啜泣、谢罪的话语，但当这些声音戛然而止，之后就又恢复了寂静，听不到任何的声响。于是他叫上附近的考生一起去瞧一瞧那间号舍，发现那个人已经身体僵硬地死去了。

如果弄脏和损坏试卷，或者发疯后乱写乱画，本人要被暂停几次考试作为处罚。这可以被理解为在娑婆世界犯下了恶行，而在贡院这个拥有治外法权的区域，也就是阎王统治的地方受到了报应。某位举子弄脏了试卷，他将此事看作是所犯罪行的报应，之后在垂头丧气地走出考场时，恰好路过明远楼，作为对后辈的劝诫，他在墙壁上写下了自己的感触：

千里来观上国光
卷中暗被火油伤
半生只为淫三妇
七届谁怜贴五场
始信韶颜为鬼蜮
悔从蓦地结鸳鸯
寄声有志青云士

　　莫道闲花艳且香

从这首诗来看，问题多半是他和某位寡妇之间有偷情之事。

善有善报

　　如果说在贡院中有对恶行的惩罚，那么必然也会在同样的地方对做善行给予奖赏。

　　苏州某生平日里就特别注重孝敬老人。他参加乡试进入贡院时，看到附近号舍中是一位步履蹒跚的老人。他觉得可怜，便对其多方帮助。在此期间老人大概是犯了老毛病，一直在呻吟，恰巧这位苏州考生带了人参汤，就把汤煎好并照顾老人喝下去。可是他失去了完成试卷的时间，非常着急。

　　结果老人却说："我试卷的草稿已经完成了。虽然我认为这是写得很好的文章，但已经没有誊写的力气了。我想就把这个送给你，请作为参考。即使不用我的名字，也想死的时候看到自己所作的试卷以优秀的成绩中试。"

　　他接过来一看，发现确实是出色的文章。因为已经没有时间了，便只好原封不动地抄写并提交上去，竟然以第一名的成绩中试。苏州在中国是文化最为发达的地区，考生的实力也比其他地区更高一等，所以竞争激烈，经常流行着谁会考取第一名的街谈巷议，但这一回却是一个完全不知名的举子取得了第一名的成绩，社会上都很惊讶。

　　如上所述，平日里偷偷积累善因的举子进入考场之后，就会像另一个人那样，头脑变得聪慧，有如神助一般，顺利地完成试卷。据说试卷上交审查人员后，即使审查人员多么想让其落第，最终也会被不得不给出高分的心理所控制。

考试结束

度过了八月九日的夜晚，便来到了十日的早上，六点左右会鸣放号炮、奏响音乐。这是考试结束、提交试卷的信号。不过尚未完成的人还可以坚持待到当日的傍晚。虽然拖沓，但也显示出了宽大的一面。

写完试卷的人按各县为单位，到规定的受理处提交。负责受理的人员详细检查试卷，确认是否有形式上的违规。违规包括将写坏的地方剪掉，贴上另外一张纸；中途留有缺字，却没有填上；跳过一整页而造成空白；完全是白卷，什么都没写；弄脏或损坏试卷。违规者的姓名会被贴在考场外面，取消以后的考试资格。

试卷被顺利受理的人会得到出门许可证，他们整理好行李，每当凑够相当的人数时大门才会开启，他们便就此走出考场。虽然隔了两天他们终于回到了住处，但当晚并不能舒舒服服地入睡。因为到半夜他们就必须起来赶奔第二次入场。

八月十一日，像之前那样，一大早天还没亮的时候考生便聚集到考场门前接受点名，然后背着沉重的行李进入考场。第二天早上颁布第二场考试的题目，这回是五道"五经"题。除了完成这些问题的试卷，还需要写上前日提交"四书"题试卷的起首几句，或者诗题中自己的诗作。这是为了证明上一场和这一场是同一个人。然而由于禁止纸片的带入和带出，这就必须靠本人的记忆了。考虑到这一点，不一致的字一般只要不超过十个，就不会被追究，一旦超过，便被判定为不是同一个人，今后不得参加考试。

第二场在八月十三日的傍晚结束，但接下来的十四日早上又是第三场考试的入场，考试于十五日的黎明开始。此时的考题是策题，要求高屋建瓴地评论古今政治的得失。虽然正考官负责出题，但因为"四书"题和"五经"题是从经典的原文中出题，所以谁出题都一样。

而策的命题才能看出考官自己的本领，好不容易从京城远道而来，并被赐予了敕令，因此他会为了出题绞尽脑汁。然而题目太难、任何人都无法作答也不行，所以就会有暗中透露答案的长篇考题。有时甚至会出现笑话，比如把代替问号的助词去掉就变成了答案。

于是朝廷也给考官出台过奇怪的禁令，规定策题不得超过三百字，而回答不得在三百字以下。虽说是古今政治之得失，但由于清朝兴起于满洲，格外防范汉族人民的攘夷思想，所以考官害怕笔祸事件的发生，通常绝对不会出涉及对当下政治发表意见的题目，举子一方也尽可能做出不犯忌讳的回答。

虽然第三场只要在八月十五日的翌日傍晚为止提交试卷便来得及，但对于策题的回答而言，无论如何都能写出来一些。而且恰好是中秋明月夜，因此举子大都在十五日当天完成试卷并提交离场，持续了一周左右的大型考试就此结束，终于可以卸下肩上的重担了，一般大家会尽情地对月饮宴。

复杂多样的评判方法

提交完试卷的举子便可以轻松地休息了，而收取了试卷的考试负责人员则从这时开始了苦日子。以往的学校考试都是每结束一场就给出一场的成绩，并淘汰一些考生，但这次考试必须等到三场都结束以后才进行综合审查。每一场都会提交一两万份的试卷，全部加起来就堆积如山，并且要将它们拆开，这就必须经过复杂的手续。

举子提交的试卷是用黑字写成的，所以叫墨卷。考场规定举子所使用的墨必须是黑色，绝对不能用其他的颜色。而且这份试卷是不能原封不动地给审查人员看的。因为可以从笔迹来判断并给出有利的成绩，从而只让特定的人通过考试，如果出现这种情况就不好办了。于是就有专人把所有的试卷都按部就班地抄写下来，再将抄本交给审查人员。

首先用糨糊封好考生墨卷封面写有姓名、年龄等的部分，只留下座位号。然后墨卷被转交给抄写人员，在另外的纸张上进行抄写。此时必须使用朱笔。这是为了防止写字生随意修改试卷。一点一点地抄写几万份试卷是非常辛苦的劳动，为此就要雇用数千名的写字生。

这种用红字抄写的朱卷接下来会和之前的墨卷一起被送到校正人员那里。在这里有数百人负责核对两份试卷。这时如果发现抄写错误，必须使用黄笔进行修正。当此之际，无论是抄写人员还是校正人员都要写上自己的姓名，以便明确责任，若是之后发现了不端行为，则自然而然地会受到处罚。

校正结束后，两份试卷被一起送交给保管人员，保管人员将里面的原件墨卷留在手中，并把抄写的朱卷送往作为审查人员的考官那里。到保管人员为止都是所谓的外帘官，作为审查人员的考官是内帘官，两者之间只有一道窄门能够联络，朱卷的授受在严格的监督下进行。

朱卷首先由同考官分头审查，此时要求同考官必须在指定的位置上进行打分，禁止将手里的朱卷随意移动到其他地方。他们使用蓝色的笔，精读每一份朱卷，决定大致的及第和落榜。比如写有表示平庸的"平妥"、表示毫无可取之处的"少精义"等评语的试卷为落卷，也就是落第的成绩。而"笔意精湛"表示无论是文章还是内容都非常优秀，在有此判定的试卷上标记推荐的"荐"字然后送到正、副考官那里。

正、副考官，也就是主任考官和副主任考官一般只对于受到推荐的荐卷进行共同打分，但由于他们二人是负有全责、被特别派遣而来的，所以调取未被同考官推荐的落卷进行打分也是他们的自由。然而他们还要照顾同考官的面子，因此据说在重审落卷并且让其及第的时候，是不会选择五十名以后的卷子的。另外正、副考官二人都必须用黑色的笔，不能使用其他颜色。

因果报应

虽然举子的艰辛非同一般，但审查试卷的考官也要付出很多的劳苦。摆放在眼前的朱笔试卷堆积如山，考官必须从中挑选出优秀的卷子。由于要日复一日地铲除这座试卷之山，他们的精神也变得有一些不正常。而且据说在那些试卷中都封闭着考生一心一意造就的精神之力，所以卷子会时常发出神秘的力量从而搅乱考官的内心。不过要发出这种神秘的力量，还是必须借助于一直监督着人类活动的神仙。

某位正考官阅览了一张试卷，觉得没有任何可取之处。刚想提笔判为落第，不知从哪里传来了声音：

"不可！"

于是考官拿起卷子重新阅览，感觉还是一无是处。当要再次提笔决定其不合格之时，同样的声音又叫了起来：

"不可！不可！"

真的很奇怪，是不是自己犯了神经衰弱？应该不是那样吧。接下来又想提笔，却还是能够清楚地听到"不可！不可！"的叫声。他想这一定是有原因的，便提笔判为及第，结果就什么事情都没有发生了。等到公布中试者之后，考官将那位考生找了过来，发现他是业余从医的学生。当考官告诉他判卷时的事情，问他有没有什么线索时，这位新举人想了一会儿，突然一拍大腿述说了下面的一段故事：

曾经有一位贫穷的学生来找他看病，因为同情学生便没有收药钱，车费也是由自己负担的，并且用心治疗挽救了学生的性命。某一天晚上，他当时正住在那个生病学生的家里，半夜学生的妻子进入房中。虽然她想要支付治病的酬谢，但由于什么都没有，就想陪医生过一晚以表慰劳。医生很吃惊，就说你如果做这种事情，我就告诉你的婆婆，对方却回答说这实际上是婆婆吩咐的。医生又说那就告诉你的丈夫，对方又回答说丈夫的性命都是仰仗您救回来的，丈夫也知道这件事。被告知这些之后，医生毕竟也非草木，内心多少有些犹豫，但还是回过神来认为不能这样做，便叫道："不可！不可！"但那位妻子说如果就此离开的话会被婆婆责骂，所以坐下来一动不动。随着夜色加深，他渐渐抗拒不住诱惑，但还是认为不能这样做，便鼓起勇气提笔在桌案的纸上写"不可！不可！"，一边不断责备自己，最终坚持到了早上。

　　还有一个考官的故事。他由于审阅试卷而感到疲惫，最终趴在桌子上打起了瞌睡，这时梦见了一位老妇人。

　　她说："现在您审阅的试卷是我孙子的。阎王为了奖赏我孙子积累的善行，就给我时间让我保护好卷子。请您给他一个好的成绩吧。"

　　考官留意于此，便把那份试卷暂且放到后面，但心中却想：做梦怎么能信呢？最终还是决定判为落第。结果在当晚的梦中，老妇人再次出现了，她恳切地诉说道："那个孩子的父亲做过举世无双的善行。他发现要被判死刑的囚犯是冤枉的，便无罪赦免了囚犯。而且您让那个孩子落榜的话，可是会关系到阎王的威望啊。"

　　考官想这一切或许是真的，就取来此人的另外两份试卷，一看竟都是非常优秀的作品。于是最终下定决心将所有的卷子都判为合格。等到中试者名单公布之后，再次取来之前的试卷阅览，然而发现根本不像之前看到的那样，三份试卷都普普通通、毫无可取之处。

　　又有一位同考官，他从自己负责的试卷中发现了一篇出色的文章，便将其作为第一名推荐到了正考官那里。正考官读过以后也赞赏这是好的作品，但到了晚上，阎王出现在了他的梦中，说道："别收那份试卷！请看看这个。如上面所写的那样。"说罢摊开手掌让他看，上面写了一个"淫"字。但是当正考官第二天再次开始审阅试卷的时候，已经把梦中的事情忘得一干二净了。而后他把最优秀的试卷汇总在一起，将要进行最终决定之际，偶然看到之前的试卷上有一处违式。趁着还没有忘记，他提起笔在上面画了一个"×"的记号。结果被之前的那位同考官看到，对他说："这还达不到违式的程度。如果这份算违式的话，那么其他试卷之中也有很多同样的情况。"当即找出同样形式的试卷给正考官看。正考官一看知道搞错了，他想那就把画上的"×"洗掉吧，便浇上了水，但一般情况下应该立刻洗掉的记号却怎么洗都洗不掉，依旧清晰地浮现在纸上。因此正考官终究还是放弃了，让其落榜。不过后来他打听到这个举子虽然学业优秀，在名声上却是品行不端之人。

还有某位考官，在审阅一张试卷时，觉得写得不怎么样，就画上了"×"。不想突然间刮起了一阵风，灯火随之熄灭。但既然已到深夜，身体也感到疲乏，他便去睡觉了。但他第二天早上起来再去看之前的卷子，发现上面的"×"消失了，可是自己确确实实画上过这个记号。无论他怎样透着光去看都完全找不到痕迹。他觉得不可思议，就把那份试卷作为最后一名录取。据说这位考生果然是出色的人才，后来成了著名的政治家。

如上所述，全部判卷工作结束后，考官算出三场考试的平均成绩，从而最终决定及第和落榜。及第者的人数以各省为单位来决定，大省限制在九十余名，小省为四十名。但作为鼓励奖之意，每出现五名中试者，就将一名落第者以副榜（也就是仅次于中试者的成绩）的形式公布，给予这样的人若干特别优待。

由于考官在阅览和审查试卷时使用的是抄本，所以无法知道本人的姓名。因此只用座位号来制作及第者的一览表，再和负责事务的外帘官会合，在其在场的情况下对照试卷原件和抄本，如果二者一致，就撕破原试卷封面上的弥封，从而露出姓名。副考官首先在朱卷上面用墨笔写上一个"取"字，正考官再在其下面写上"中"。"取中"是中试的意思。接下来副考官在朱卷上顺次写上姓名。两种试卷都被严格保管起来，墨卷原件不久后会被送至北京中央政府的礼部（可以说相当于日本的文部省），在那里再次接受检查。

负责人员拿出了很大的告示，也就是"榜"，在民众面前将中试者的姓名按照成绩的顺序写出并公布。在书写榜单的白纸左右两端分别画有龙和虎，开头处留下些许空白，姓名的书写从第六名开始。填写完最后一名时因为要休息一会儿，负责人员便回去了。被写上姓名的举子大喜过望，而榜上无名的人首先虽然觉得自己多半是落榜了，但还是残存着一丝希望，因为有可能自己的名字包括在了尚未公布的前五名之中。不久负责人员再次出现，将第一名到第五名的姓名都写上去，人群开始欢呼喝彩。监临官看过以后，便在上面盖上大印，就此万事终结。成绩的公布期间大致是九月五日到二十五日。

中试者如今已经不是举子，他们获得了新的资格，也就是受用终生的举人资格。欧洲人虽然将其翻译成硕士（master），但它的地位远远高出硕士。举人拥有了参加会试的资格，包括第二年三月在内，会试每三年在北京举行一次。除此之外，举人还能够被任命担任某类官职。第一名中试者称作解元，大家认为这是非常高的荣誉。

有的新科举人选择回到家乡休息，但地方总督会把中试者的姓名通告给本人出生地的各府，然后知府通知知县，知县通知本人。这份通知书也如之前院试时那样，使用类似的大红纸，仍然称为捷报。接到通知的举人再次到首府集合，向考官谢恩。

另一方面，考试负责人员在公布中试者的同时，也从长期的隔离生活中得到了解放，等了好久终于可以卸下重担好好休息了。从中央派来的正、副考官对于完成任务的喜悦应该特别受到理解。正、副考官和其他同考官一起邀请新科举人，举办庆贺的宴会，称之为"鹿鸣宴"。如果当地还有六十年前乡试中试的老人健在，这些老人也会被一同邀请赴宴，称作重赴鹿鸣宴，也就是第二次鹿鸣宴，作为学界盛事来颂扬。而且若是这位老人的子孙也在新科举人之中，那就叫作锦上添花，更加可喜可贺了。因为假如不是在相当早的时间以前中了乡试并且长寿的话，则不可能参加第二次的鹿鸣宴。

大家首先朝向北京的方位，向天子谢恩，然后宴会在音乐的吹奏声中开始。这时的音乐是《诗经》中的"呦呦鹿鸣"一章，这是歌颂天子招待群臣和宾客时情形的诗篇。此后，新科举人一生都会将考官作为师父来尊敬，缔结牢固的师徒之盟。他们称正副考官为座师、同考官为房师，而称自己为门生，新科举人之间还互称同年。

在以前，师徒的关系实际指的是亲手负责教授学业之人和被教授学业之人的关系，但自科举流行开始，尊考官为师变成了主流。另一方面，教授学业的老师只被称作是授业之师，他们得不到太多的重视。因为学生向授业之师如期交纳学费，也就是说通过金钱达到了两不相欠，但这种方式何其冰冷。与之相反，考官是由朝廷任命并录取某人，两者间是自由的关系。特别是考官在见识了考生的才能、学问后才从许多人中将他选出，因此考生会对此感受到特殊的知遇之恩。虽然考官只是审查了一次试卷，但考生要一生不忘感恩，发誓互相帮助，一同渡过官场的惊涛骇浪。天子越来越厌恶这种事情，因为这是导致结党的一个原因，所以几度出台禁令，可是却完全不见成效。

举子的七种形态变化

如果是考取了乡试成为举人的话，其社会地位就会一下子得到提升，不过考场中的举子所受到的待遇是非常糟糕的。管理极其严格当然可以理解，但举子们的待遇很不好，他们完全不被当作绅士看待，而像是坏人一样受到监视。因此也出现了严厉批评这种情况的声音，有人认为乡试不是考察学习实力，而是"马力"考试。甚至有人说考取乡试必须具备如下条件，即如龙马一般的精神、如驴马一般的身体、如虫子一般的无感、如骆驼一般的气力。

《聊斋志异》这部著名小说的作者蒲松龄就是数次乡试不中、最终连举人都没考取的文人，他嘲笑参加乡试的举子有七次形态上的变化。

最初进考场时，提着巨大的行李，气喘吁吁地挪着步子，像乞丐一样；接下来一个一个接受搜身时，被负责人员呵斥、被兵卒怒骂，像囚犯一样；等到坐进号舍的座位后，每个人都伸长脖子看外面，像蜂类的幼虫一样；终于考试结束朝外走，此刻神情恍惚、步履蹒跚，像被从笼子里取出的病鸟一样；在等待何时公布中试者，不知成功与否之时，草木皆兵、坐立不安，像被拴起来的猿猴一样；最终公布成绩，已然确定落榜后，气力全无、形同死尸，横着躺倒，身体一动不动，像中了毒的苍蝇一样；而重新提起精神时，无论是看到的还是听到的都令自己生气，不管碰到什么东西都拿来摔了，发脾气谩骂考官的无知，等情绪稳定下来，发现屋内的器物全毁了，此时就像好不容易从生下的蛋中破壳而出的雏鸟一样。以上便是举子的七种形态变化。

中试与落第的殊途

考试这件事，即使使用现在所谓客观的方法也很难保证绝对公平。更何况到清朝为止的考试制度都是要求创作长篇的文章并且匆匆忙忙地审阅，所以不知道当时的考官是根据自己什么样的心境进行判卷的。因此有俗话说，考试的中试与否不是靠实力和文章决定的，而是靠运气。哪怕是中试，也不能以此来证明实力优秀，而落第更不能成为写不好文章的证据。这样一说，落第者就得到了宽慰。

清朝中期出现的小说《儒林外史》记录了学者们的所听所写，作者吴敬梓极尽讽刺之能事。他滑稽可笑地描绘出了主人公范进的经历。这是范进为了考取生员而参加院试时的故事。

广东省学政周进在首府的试院举行院试之际，注意到了一位面黄肌瘦、头发斑白的童生入座。由于这位童生不久后就来提交试卷，周进便从近处观瞧，他的衣服破烂不堪，好像确实很贫困。比照试卷并翻看名册，上面写的是三十岁。

"你就是范进？"

"童生就是。"

"你今年多少年纪了？"

"童生册上写的是三十岁，童生实年五十四岁。"

"你考过多少回了？"

"童生二十岁应考，到今考过二十余次。"

"如何总不进学？"

"总因童生文字荒谬，所以各位大老爷不曾赏取。"

"这也未必尽然。你且出去，卷子待本道细看。"

等范进退下以后，周进等了好一会儿都没有人交卷。因无事可做，便取来范进的试卷看了一下，结果心想："这样的文字，都说的是些什么话！怪不得不进学。"又等了一会儿，还是没人来交卷。于是再次把范进的试卷拿来琢磨，看看有没有什么可取之处，反复读了两三遍后，渐渐发现这是一篇非常精妙的文章。最后不觉叹息道："这真是了不起的好文章啊！连我看一两遍也不能解，直到三遍之后，才晓得是天地间之至文！可见世上糊涂试官，不知屈煞了多少英才！"

学政周进当即提笔将这份试卷判了满分，决定以第一名录取。

这是院试的情况，虽然考试只淘汰半数左右的考生，但还是发生了这样的事情。更何况是百人中淘汰掉九十九人、只取一人的乡试了。不对，如果是百人取一人的话还算不错。哪怕比例相同，从一万人中选取一百人实际上要难得多。所以像蒲松龄那样的文章大家到最终也没能中试。

举人的优越性

如果成了举人，连世人的目光都在一夜之间改变了。这是不得了的出人头地。这一回是《儒林外史》的主人公范进考取乡试时的故事。

范进虽然好不容易考中院试成了生员，但生活依然贫困。外出时衣服的下摆上还经常挂着碎布，并没有受到世人多少尊敬。特别是对于范进而言，最怕的人是妻子的父亲——肉铺的胡老爷，他是被大家称作胡屠户的顽固老头儿。因为范进平时不顾妻子的艰苦，埋头学习，所以经常受到岳父胡屠户的责骂训斥。由于乡试日期临近，范进想一定要去首府参加考试，就忍受着屈辱到胡屠户那里去借路费，结果非但没有借到钱，还被痛骂了一顿，狼狈不堪地逃了回来。幸亏在朋友里有愿意借钱的人，他好不容易去到首府，参加完考试便回来了。回家一看，母亲和妻子都因为没有食物，已经两三天没吃饭了，到了快要饿死的境地。胡屠户听说后，又来把他骂了一顿。范进将家中仅剩的一只鸡抱到街上去卖，想用卖鸡的钱来买米。

在范进出去的时候，从县里来了三位差役，他们骑马来送范进的乡试录取通知书，也就是捷报。而且之后又有好几个差役接连不断地骑马过来讨要赏钱，虽说是来道喜的，但如果不给些赏钱，这些人是不会走的。邻居们听到消息也都拥进来道喜，房门口挤满了人，像火灾现场那样混乱不堪。

与此同时，范进来到街上卖鸡，由于这只鸡平日里也吃不饱，瘦骨嶙峋，所以找不到买主。他怀着失望的心情又抱着鸡垂头丧气地回家了，邻居们看到他回来，都喝彩道："中了！中了！"范进却完全没有把这些人的话当真。然而走到家门口时果真看到了悬挂着的大红纸。

捷报

贵府老爷范讳进高中广东乡试第七名亚元

京报连登黄甲

看到捷报的范进大喊了一声："我中了！"然后便昏倒在地。他母亲急忙用水桶打来水泼到他头上，人倒是醒过来了，却一边说："我中了！我中了"一边到处跑，完全发疯了。

从县里骑马来的差役中有一个机灵的小伙子，他告诉邻居们："新科举人老爷是太过高兴才发了疯。这是常有的事儿，如今只消平时他最怕的人来骂他一顿，病就好了。"大家都说这主意好，便去到胡屠户那里请他过来。胡屠户和平常一样在街上卖肉，听到消息后半信半疑，睡眼惺忪地过来了。然而当被告知要他殴打女婿的头时，他吓得缩手缩脚。平日里无关紧要的事情，今日却截然不同。因为毕竟对方如今成了举人老爷。

胡屠户说："不行啊。还是饶了我吧。虽然是我女婿，如今却做了举人老爷。成了举人就是对应了天上的星宿。如果打了天上的星宿，阎王就要捉去打一百铁棍，发在十八层地狱，永不得翻身。"

但邻居们众口一词地劝他道："喂！老板！你做的营生就是每天从早到晚杀猪杀狗，白刀子进去，红刀子出来，再把肉细细切成丝儿来卖。这些都已经被阎王记在账上了，死了肯定要下地狱的。但现在你若是豁出来救好了女婿的病，凭这件功德你便可以上到第十七层地狱来了！"

胡屠户拗不过大家，为了鼓起勇气而要酒来喝，他大口大口地喝光了两碗，借着些许醉意，卷起袖子，恢复成平日里杀猪时的样子。

范母这回担心起来，对他说："哎呀，别打得太狠。不要把他打伤了！你只要吓他一吓就好。"

胡屠户追上并一把抓住四处乱跑、口里叫着"中了！中了！"的范进，说道："该死的畜生！你中了什么？"猛地一个嘴巴打了过去。可是虽然只打了一下，之后手却颤抖起来，不敢打第二下。幸好范进虽然被打晕在地，但醒来时精神已经恢复了正常。

考官的不端事件

在乡试的试卷中，中试卷子的原件墨卷和抄件朱卷会被一起送往国都北京。接着中央政府的礼部（相当于日本的文部省）任命四十名官吏，由他们对全国汇集而来的试卷进行重新审查。他们不只是判断试卷的内容能够中试与否，还会检查有没有形式上的违式，若有违式则理应失去资格。如果发现了谁有不合理的地方，那么这个人就会被剥夺好不容易获得的举人地位。

重新审查的对象也包括作为试卷审查人员的考官。特别是录取违式试卷这种情况，很明显就是考官的过错。只是单纯的过失还好说，如果被发觉是考官收了贿赂而酌情予以照顾，就会发展成为棘手的重大事件。约束科举不端行为的法规实际上是制定得很周密的，一般被认为毫无可乘之机，但使用这些法规的终究是人。到了清朝末年，纲纪越来越废弛，弊病也随之产生，考试时考官从举子那里收取贿赂从而进行不公平的判卷，这种事情逐渐被社会舆论所关注。如果考官与举子串通一气，那么就能够想出无数打破规则的方法。比如只要在试卷的第几行第几个字位写上了某个字，就能让那张卷子考中。若是预先做好这种协商，考官即使不知道某人的座位号，也能若无其事地给予好的成绩。假如知道了座位号，那就变得更方便了。

在 1858 年乡试之际，发生了重大的疑难案件。当时的天子咸丰皇帝虽然有一点神经过敏，但他怒火中烧也情有可原，毕竟在南方的太平天国势焰极尽猖獗，同时英法联军不但占领了广东，还进逼天津，而正是在这种情况下，恰巧某地乡试中的不端行为被揭露了出来。

调查官员在审查中试者试卷时，发现了一份无论如何都不应该中试的违式试卷。因此留心调查，结果得出结论，认定在五十张可疑试卷中有十二张确实存在不端行为。于是他们叫来本人进行审讯，结果案情不断发展，不只是同考官，连作为正考官的柏葰都受到了牵连。

在同考官中有一位叫浦安的人，受中央政府的官吏所托，请他让自己的朋友、举子罗鸿绎考中，他得到暗语后进入考场。然而单凭同考官一人还是无能为力的，他便恳求正考官柏葰，柏葰答应了，就找出罗鸿绎的试卷，当时已经被其他同考官定为落榜，柏葰就将其与别人的试卷调换从而使他考中。另外同考官中还有一位叫程廷桂的人，其子认为这是赚钱的机会，便四处收取贿赂，然后给他父亲那里送去了写有暗语的纸条儿。但父亲一方却于心不安，并没有录取请托之人，可是按照规定在这种时候必须出来自首。

对于这些渎职罪的判处是极其严厉的。正考官柏葰被处以死刑，而同考官浦安同样被处以死刑。无论是通过不端行为考中的罗鸿绎，还是为了他进行活动的官吏朋友，以及同考官程廷桂的儿子都被处以死刑。程廷桂自己原本应该被处以死刑，但由于最终犯罪未遂，所以死刑降一等，被判处流放三千里的流刑。副考官虽然不是同谋，但因为在揭发同僚不端行为方面玩忽职守，故而受到了严厉的处罚。以违式试卷考中的举人被剥夺了包括之前的一切学历，另外负责考试事务的官吏因为没有发觉这种不端行为，也一律受到了处罚。并且在这一案件暴露之后，受命调查的大员们由于处理的方式过于温和，也被处罚。这一次的判决真可谓严厉。

被处以死刑的人中间，正考官柏葰是一品大员，按现在来说就是日本国务大臣级别的大人物，所以这一案件在全国范围内引起了巨大的轰动。而且据说在这之后的很长一段时间里，科举相关人士都好好地洗心革面，考试的不良风气一时绝迹。然而何其可悲的是，不做到这一步就无法保证考场的纲纪！而且付出巨大牺牲的大肃清随着时间的流逝，大家的记忆变得模糊，原本的弊病死灰复燃。到了19世纪末期，无法消除的糜烂气氛已然控制了考场，科举本身也在20世纪初期被废除了。

考试余闻

乡试试卷数以万计，中试者的卷子被严格包装起来送往北京，而更多的落第卷子究竟是被如何处理的呢？如果本人还想要自己的卷子，在支付若干手续费后是可以去考场领取的。据说这样做是一举两得，特别是举子能够看到附在抄写朱卷上的考官评语，从而获得很多对于自己文章的反省之处。

无人认领的试卷会被放入设置在考场内的焚烧场——惜字炉中烧掉。"惜字"是取尊重写有文字的纸张之意，除了考场以外，在街角巷口也设有很多焚烧这些纸张的炉台。既然是从事学术之人，就不能将写有神圣文字的纸张踩踏或者乱扔，必须比白纸还要珍惜。据说如果糟蹋写有文字的纸张，作为惩罚，每场考试都会落第。与之相反，如果将别人丢弃的有字纸张收集起来烧掉的话，作为功德，很有可能考中。因此考试负责人员也把试卷用纸放入惜字炉中作烧掉处理。

中试者的试卷被送往北京之前，正考官会把成绩第一名到第十名的试卷朱卷进行特殊包装后再发送。这是为了供天子御览。另外有时考官还将其中前五名的试卷印刷分发。但此时绝不能附加上自己的意见。即使成绩不是太理想的中试者也可以将自己的试卷印刷并分发给亲戚、朋友。这些称为乡试墨卷。不过有明令禁止书店为了营利而将这种文章标榜为模范试卷印刷售卖的行为。

因为乡试考试困难，所以经常能够看到白发老生员参加考试的身影。政府对此也特别设立了老人优待法，最初是对于七十岁以上的老人，只要试卷没有违反规定，不管做得好坏，都作为限额之外录取。但后来由于人数过多，政府感觉到有必要进行限制，便只有八十岁以上的人能享有这种优待。说到七十岁，自古就规定这是官吏退休的年龄，所以老生员本人已经没有了步入仕途的愿望，而且也无法入仕。他们只不过是获取了荣誉学位从而能够让子孙感到自豪罢了。

举人覆试

——科举考试之三

  乡试之年的第二年三月，朝廷将全国的举人都聚集到北京来举行会试。考试的场地是在北京的贡院，但不只来了前一年的新举人，往届的举人们也都云集至此。因为参加者达到了一万多人，所以无法保证所有人都能够进入考场。出于这种担忧，清代在会试之前还设有叫作举人覆试的考试，淘汰掉报考的人，只允许中试者参加会试。考试的日期定在会试一个月前的二月十五日。

  各省的举人为了参加会试，首先必须得到所在省之总督或巡抚发给中央礼部的身份证明，而这份证明也兼作介绍信。举人从原籍出发时，县政府会提供给他一些旅费。这笔钱称作公车费，是公家旅费之意。因为本来天子就是将会试作为他的一项崇高义务来举行，正是基于这样的考虑，所以举人参加会试变成了一种公务活动。于是在本人从地方去北京时乘坐的舟车上都竖立着写有"奉旨礼部会试"的旗帜，意思是本人去参加奉天子之命举行的礼部会试。沿途官府看到旗帜以后就要优先让其通行，还必须为从新疆省那样远道而来、由陆路进京的举人特别准备公用的驿马，一站一站地迎送并妥善接待这些举人，以便他们能够赶上考试日期。

  在举人覆试的前一天也就是二月十四日，由礼部奏请天子，请求任命考官。天子立即任命数位阅卷大臣，也就是审查试卷的大臣。考题由天子密封下赐，阅卷大臣马上步行进入贡院，取出考题并交付印刷，他在第二天到来之前必须做好万全的准备。

二月十五日考试当天，按照规定，题目是一道"四书"题和一道诗题。虽然考试于当天结束，但阅卷大臣被命令要在四天时间内审查试卷。成绩分为五等，在将成绩制成名册送交天子后，天子再将其交给另外的调查官员。

负责调查的官员将此试卷与举人乡试时所作试卷进行比较，核查笔迹是否相同，还要一并审议阅卷大臣判卷妥当与否，如果意见一致就公布成绩。位列一、二、三等的人被允许参加接下来的会试，而四等的人还要根据成绩的水平，被暂停一次乃至三次参加会试的权利。五等实际处于等级之外，他们作为成绩特别不好的人，被剥夺举人的资格、降格为平民。

对于没有赶上这次考试日期的人，在二月二十四日还有补考。考试称为补覆，若是这次考试也没能参加，则不被允许参加本年度的会试。由于举人覆试的考生过多，所以北京附近在前一年县试之后的九月份左右举行举人覆试，以此缓解二月考试的混杂状态。

另外这次考试的缺席者可以同缺席一般举人覆试的地方举人一起参加二月末的补考。

会　试
——科举考试之四

　　会试是在乡试之年的第二年，也就是丑年、辰年、未年、戌年的春三月举行的大型考试。在北京贡院，全国举人中的覆试中试者被集中到了一起。会试虽然也被称作贡举，但从历史上来看，这个考试才是科举的本体。之前的乡试可以说是预备考试，而接下来的殿试从含义上讲不过是再考。在唐代，如果这次中试，则立刻成为进士。

　　会试与乡试一样，是三场连续的考试。按照规定，开考的时间分别为三月九日、十二日、十五日。考试的负责人是相当于日本文部大臣的礼部尚书，而他考试时的职务还特别沿用了唐代的旧名，称作知贡举，也就是担当贡举的官员。但试卷审查人员则与乡试的情况一样，被称为考官。正考官一名、副考官三名、同考官十八名，他们都受到了天子的特别任命。这些考官在三月六日获得任命后，就会进入贡院，切断与外界的一切往来，直到考试结束为止，他们都被关在考场之内。正考官在接到天子任命并从御前告退之时，会得到一把钥匙。因为他随后要从天子那里获取装有考题的匣子，而钥匙正是用来打开这个匣子的。原则上由天子亲自负责会试第一场的出题，而实际上考题是根据大臣的提议产生的，但最终的决定权还在天子。考题确定后，天子就将其放到小匣子里并上锁，考题被随时准备送往考场。

　　在第一场考试的前一天，也就是三月八日的早上，举人开始入场。各省每五十人为一组，接受检查以后才能进入贡院。同日，礼部尚书进宫请求授予考题，天子便把放有考题的小匣子赐给他。尚书领取匣子后，就赶赴贡院并将其亲手交给正考官。正考官立即用钥匙打开匣子，于考场内印刷考题。到了九日的早晨，再将印刷好的考卷分发给应考者。这一天的考题是三道"四书"题和一道诗题。当晚，应考者会在贡院内的号舍中整夜吟哦，然后于第二天提交答案退场。

第二场的入场日期是三月十一日，考试日期是十二日，题目为五道"五经"题。正考官会代替天子选定此时及之后的考题。第二场的结束日期是十三日。第三场于十四日入场，考试在十五日举行，题目为五道策论题，于十六日结束。正考官会在事先得到吩咐，将自己出的考题也就是第二场和第三场的考题上交天子预览。

考官审查试卷并确定综合的成绩排名，再根据座位号制作名册，由作为知贡举的礼部尚书上奏天子请示批准中试结果。中试者的人数原本没有规定，如清初的顺治年间，当时在短时间内需要大量的官吏，就有了录取四百名以上的情况。但由于之后官吏资格持有者的人数过多，在康熙年间中试者人数降到了一百五十名左右。而且因为刚开始是规定总数并按成绩高低进行录取，所以出身于文化落后的农业省份之人很难考中。于是在康熙末年便根据省份的大小来分配各省录取的人数，大省二十余名，小省数名，合计录取二百名左右。以后到了清朝末期，录取人数再度增加，通常每次录取大约三百名。

正考官在审查试卷后，选取认为是最优秀的十份卷子，先用朱笔誊写好，再将朱卷呈交御览，同时请天子决定名次。待天子亲自重新审查了这些试卷后，便决定名次及中试者的总人数。礼部尚书再把结果拿到贡院，和考官一起比照墨卷和朱卷，然后制作中试者名册并公布于众。这时候在礼部衙门前，早已事先修建好了叫作"彩亭"的台子，装饰十分华美，榜被拿出来立在这里，上面写有中试者的姓名，以便供一般人观览。公布的日期大概在四月十五日以前。一直被困在贡院内的考试负责人员到此时才会获得解放。

北京贡院

　　举行会试的场所与直隶省（相当于日本的东京都）举行乡试的场所相同，也就是北京的贡院。而且会试和乡试采用了完全相同的考试方式，必须在可怕的"单人牢房"中度过三天两夜的时间。但不可思议的是在会试时不会出现太多的妖魔鬼怪。恐怕是因为参加会试的举人已经在乡试之际适应了考试，神经也得到了锻炼，所以以精神出问题的人就减少了。但是因果报应、怪力乱神的事情在会试的时候并不是绝对没有，也会时有发生，所以即使是举人也不会疏忽大意。

　　某举人有甲、乙两位朋友。甲倾心于乙妻子的美色，想方设法要将二人分开并将其妻子据为己有，便同这位举人商量。举人由于收取了巨额的金钱而鬼迷心窍，四处散布说乙的妻子不贞。一无所知的乙苦思焦虑，没想到自己的妻子居然是这样的人，就来到了举人的住处和他商量。举人迫不及待地鼓动乙，劝他离婚，还假装送人情，当场草拟好休书让乙抄写下来。正好当时笔店的人来卖笔，举人为了接下来的会试，购买了一支大号的笔，但无意间将离婚书草稿卷起塞进了笔杆之中。他随后便将这件事忘记了，但当带着这支笔进入北京贡院的会试考场之时，虽然门前点名没有问题，但在接下来的检查身体之际，笔杆里面也遭到了检查，而之前的草稿被发现了。即使不是经典中的语句，只要是写有文字的东西都在原则上严禁带入考场。由于负责检查的人员是不识字的兵卒，所以这件事被立刻报告给上级。上级读过后，发现是不道德的休书草稿，因而感到非常不快，毫不留情地执行了律法。举人除了被剥夺了作为举人的资格，还被责打脊背并在门前示众数日。很少能够见到连笔杆都要检查的事情，风传这是那位被迫离婚女子的至诚之念所产生的结果。

某位会试同考官在收上来的试卷中发现了一份非常优秀的卷子，他考虑把这份卷子推荐为第一名。当晚，阎王出现在了他的梦中。

他说："请将那份试卷作废。那是台州某举人的试卷。此人在乡里是讼师，经常为了把别人陷入诉讼而干坏事，他还做过靠冤假错案致人身死的事情。"

于是考官放弃了推荐这份试卷，并判定为不合格，随后又比对座位号和姓名，发现与阎王所说的姓名分毫不差。他又询问和举人出生地相同的人，得到的评价果然和阎王说的一样，而那个举人自己不久也客死在了北京的旅店之中。

有位姓林的生员到了四十岁还没能考中乡试。他当时正在想考中已经不可能，准备放弃科举转而经商，却不知从哪里传来声音说："莫灰心！"

他看看周围，发现并没有人。想到会不会是妖怪，便大声喊："你是何人？"

对方回答："亡灵。"

他就说："既然是亡灵就出来吧。"

"出来也可以，但千万别被我的样子吓到。"

亡灵反复叮嘱后出现在了他的眼前。这是青面滴血、令人生畏的形象。

"实际上我有求于您。我以前是一个乡下卖布的，被恶奴所杀，尸体埋在城门内的大石臼下面。而您将来会成为我县的知县，是重要的人物。为此我一直担心您的人身安全并保护着您。因为我坚信您到我县赴任时，我会沉冤得雪。请您绝不要气馁。因为下次乡试您一定会及第，您也必将在接下来的会试中考中进士。"

亡灵说完便消失了。于是林生找回勇气参加了下一次的乡试，果然考中了举人，可是接下来的会试却落榜了。

发榜那天，他失望地回到了旅店。

"真的不能太指望亡灵说的话啊。"他自言自语道。忽然不知从哪里响起了上次听到的声音。

"那是您的罪过。我并没有弄错。请好好反省某月某日的事情。您如果不知悔改，要晚三年才能考中。"

他思索了一下，想起在某一天勾引过一位寡妇。林举人醒悟过来，从那以后便举止谨慎，努力杜绝一切淫望。结果他在下一回的会试中中试，殿试上也没有任何阻碍，考取了进士，并被任命为某县的知县。成为知县的林氏巡视城内时来到了东门附近，那里确如亡灵所言，放着一个大石臼。把石臼挪开后，露出了腐烂的尸体。于是他立刻按照从亡灵那里听来的名字，命令逮捕审讯凶手，凶手无法掩盖，只好承认了罪行。据说当地人听闻了这件事，都很惊讶，将这一任知县尊为神明，此后当地大治。

下面还有一个故事，据说是一位举人参加会试时的实际经历。在第二场考试入场后的三月十一日晚上，并不是自己产生了幻觉，近邻的人们都听到了亡灵的叫声。第二天十二日的戌时，也就是现在的晚上八点左右，他又听到有人谈论附近死了人。等到十三日早上，他去提交试卷，当走出小径时，正好遇到负责人员在把横死者的尸体抛出围墙。

他走出考场后遇到了坐在横死者旁边号舍的朋友，听到了详细的信息。据朋友说，死者是从甘肃省来的五十三岁举人。这位举人进入号舍后情绪就多少有些不稳定，时常发出让附近之人都能够听到的叹息。在此期间好像在频繁地向谁请求着什么。

那人说："为什么要如此折磨我啊。等一会儿考完试再说不行吗？"

第二天举人的朋友又看到那人走过了前面的小径，他当时的脸色已经如将死一般憔悴。以为那人是要回号舍，但他却叫住了一个号军，也就是勤杂人员。

"我好像快死了。想让你帮我叫一下负责的官员。"

他说完便跑了出去，进入了小径尽头的厕所，将衣带挂在天棚的钉子上，就这样上吊而气绝身亡。大家看了桌子上留下的试卷，发现写的应该是到目前为止他所犯下的种种恶行。有人说他虽然在乡试时幸免天罚，但到了会试之际终于遭到了报应。

会试成绩第一名的中试者称为会元，第二名称为亚魁，第六名称为榜元。第六名之所以被这样称呼，是因为和乡试的情况相同，姓名是从第六名开始写的。另外从第一名到第十八名称为会魁。但会试中试者并不会因此获得新的学位，只不过是得到了参加接下来殿试的资格。就是说因为举行会试和殿试的期间非常短，大家原本的资格依然还是举人。不过为了将会试中试的举人与其他的一般举人相区别，在某些情况下也会特别称他们为贡士。但好在如果会试中试，那就已经等同于考中了接下来的殿试。因为作为惯例，殿试在原则上是不会有落第者的。

举人考取了会试，他们的喜悦可想而知，但实际上在参加殿试之前，这些人还必须经过许多繁琐的手续。

会试的试卷都被送到覆勘大臣那里，覆勘大臣由天子另外任命，负责重新审查。同时会试中试者前往礼部，提交亲笔书写的履历书，覆勘大臣将试卷同履历书对照，确认笔迹是否相同。如果没有异状则就此上奏，会试的成绩才最终得以决定。

　　会试也有类似于乡试的老人优待政策。但两者之间的意味略有不同。因为接下来的殿试是在天子面前举行的考试，如果由于年老而在当场出现失态的情况，则相当于不敬，所以朝廷不希望这些老年人参加之后的殿试，便在会试之际预先向他们充分讲解优待政策。

　　过去在宋代经常有七十岁以上的老年人参加殿试，但到了清朝，七十岁以上的人会在会试的时候被特别编为一组，称为老生。即使他们的试卷不够中试的标准，担任知贡举的礼部尚书也会向天子上奏，请求作为特殊恩典赐予这些人名义上的官位。如果是八十岁以上则赐予国子监（相当于太学）教官，九十五岁以上则赐予翰林院编修，如果是一百岁以上则赐予国子监副校长的官位，据说这是当时的惯例。老举人就此可以得到满足，一生的勤学终于收获了圆满的结局。

　　礼部尚书将新中试者及六十年前的中试者招集在一起举行庆祝宴会，称之为琼林宴。意思是人才如玉树之林那样齐聚一堂。首先要在面向宫城的方向设置叫作香案的桌子并焚香，一同行三跪九叩头之礼，也就是下跪三次，每次三度叩头的仪式。在高呼圣寿万岁后，大家移至酒宴现场，尽一夕之欢。

　　中试者将考试时自己所作的试卷印刷分发给亲戚和知心朋友，称之为会试墨卷。特别因为"四书"题是由天子所出的题目，所以很多人都选择"四书"的试卷印刷。在开头处列出自己门第、亲戚的名单，在末尾处附上考官给的评语。但这是殿试及第以后的事情，此时的举人们并没有这么充裕的时间。因为他们还面临着一次关乎前途的重要考试。

会试覆试

——科举考试之五

到清朝初期为止，会试中试者都能够立即参加殿试，但在18世纪的乾隆时代，又一个小型考试被插入其间，称为会试覆试。就考试的宗旨而言，既然殿试是由天子亲自举行的重要考试，那么通常不会出现落第的情况，所以才在殿试之前举行会试的覆试，也就是第二次考试，实际上作为殿试的预备考试。这样做首先是能够确认参加殿试的考生拥有足够的实力。其次，因为殿试是在宫中举行的，预先在同样的场地举行会试覆试，可以训练考生适应考场，并且在殿试之时不至于失态。再者，为了在殿试时不发生使用替考之类的舞弊事件，就要重新确认一次本人的身份。会试覆试就是带有以上这三个目的而举行的考试。

会试覆试一般是在四月十六日，于宫中的保和殿举行。这座宫殿几乎位于天子居住的紫禁城中央，通过宫城正门——午门，向北再经过了太和门的广场，能够看到面前的太和殿、中和殿、保和殿呈一条直线排列，保和殿是最里面的宫殿。殿内是宽广的大厅，两根粗大的柱子之间为一间，按此计算，东西向的宽度为九间，南北的纵深也有五间。在最里边有高出地面一层的宝座，这是举行大型宴会之际天子所坐的地方。大厅中大概能够排列下三百张桌子，供考生就座。这座宫殿构造宏大，屋顶也很高，但多少是因为内部宽广，从窗户射入的光线没有充分照射到中央。

　　因为这一天的考生是以无官无品的身份进入宫中，所以必须预先找一位在北京任职的官吏当担保人，制作连带保证书提交给礼部。在考试当天的入场之际，这位担保人也要出席，他负有核实考生身份的责任。

　　天子任命阅卷大臣担任这次考试的试卷审查人员，而考题也由天子来出，这和会试的情况相同。考题非常简单，分别是一道"四书"题和一道诗题，当天便可完成试卷。在审查成绩时，阅卷大臣会调取会试时的墨卷来比对考生的笔迹。如果差异很大，恐怕考生是在会试中使用了替考，那么就需要传唤本人进行讯问，让其说出实情。因为是在殿试之前，所以对于替考的管制特别严格。若发现了替考，则属于考场内的管理疏忽，事务系统的负责人员——礼部尚书以下都要受到处罚。不过作为审查人员的考官只是阅览考卷，并不了解情况，所以不用承担责任。但是如果在此时暴露出之前的试卷拙劣不堪，考官便会被处罚。

　　阅卷大臣审查结束后，要在试卷中附上自己的评判，把它和名单一起献给天子。然后其他的大臣还会被命令再检查一次。最终经过天子的裁决，于四月十八日左右公布成绩。因为在形式上是天子阅览了所有的试卷并做出决定，所以成绩的公布是以敕语、上谕的形式下达的。

　　成绩列为一、二、三等的人被允许立即参加殿试，但四等以下的人则根据其成绩的高低或者违规的轻重，受到暂停一到三次殿试参加资格的处罚。

　　1892年参加会试覆试的考生有三百一十八名，据说其中的二百八十三名是当年的会试中试者，但有三十一名是上一次会试，四名是上上次会试的中试者。恐怕这些人是因为以前受到了上面所说的处罚，到这一刻为止一直被暂停了考试资格。如此说来虽然会试以后在原则上不出现落第者，但在这个会试覆试之际则会产生相当数量的"退回"，从考生自身的角度来看，此时完全不能有片刻的疏忽。

殿　试

——科举考试之六

殿试的起源

在唐代，相当于会试的贡举是最后的考试，通过了这个考试则被授予进士的头衔，获得了成为官吏的资格。因为贡举是在相当于日本文部省的礼部举行，所以其别名也被称为礼部试。但这只不过是被授予了成为官吏的资格罢了。就是说实际上主管官吏任免的是叫作吏部的政府部门，在这里对于录用新官吏独立举行铨试，就是也被称为吏部试的考试。

这个考试有身、言、书、判四个科目。身、言都是行为举止方面的考试，身是考察是否具有成为官吏后足以威慑人民的堂堂风采，言是考察说话发音无误，并且是否能够庄重地向下属下达命令或者接待同僚。因为当时还是贵族主义盛行的时代，所以重视这样的因素。书、判则可以说是技能和学问的考试，书是检验写字是否漂亮，判是检验是否能够就法律上的问题准确无误地进行裁决。

可是这样的制度逐渐落后于时代了。最大的原因是在宋代以后，天子的独裁式权力突然间得到了强化。唐代的贡举是在称为礼部的政府部门举行，天子并不直接参与。因此在贡举之际，考官和考试中试者之间动辄就建立起了师父和弟子的私人关系，不久这种关系便会发展成义父和义子的关系。结果这导致了不良风气的产生，政治不再从大局的得失出发，而是更加被这种集团的私人情感所左右，也就是变成了所谓的朋党之争。

一旦这样的私人党派完成结合，即使拥有天子的权力也会陷入无论如何都无法将其消解的状态。于是宋朝的第一代天子太祖就在贡举的后面又添加了一个考试。太祖自己担任考官举行考试，他施恩于中试者，将他们全部当作自己的弟子，而自己则成了最大的义父，从而谋求实现官僚的大团结。这就是殿试的起源，直到清朝都被历代的天子所继承。

另一方面，吏部举行的官吏录用考试在之后虽然还继续进行，但由于殿试的出现，其性质和意义发生了巨大的变化。到唐代为止，吏部一直都是贵族主义的老巢，也是负责任命官吏的总管。特别是吏部尚书由一流门阀出身的贵族担任，所以他在人事进退上会非常偏袒。即使是以优异成绩通过礼部考试的官吏资格持有者，当他们被转到吏部后，如果家世寒微，或者人身方面没有被看中，吏部就通过身、言的考试让其迅速落第。无论容貌风采还是言语，这些都是在主观上可以随意判断的东西，所以并非客观的标准。总之考试非常容易出现不公平的情况，因此受到了新兴阶级十分强烈的指责。

而殿试出现后，考官成了天子自己，作为中试者的进士是由天子担保在人身方面没有问题。吏部必须无条件尊重考试的结果。而且到了宋代，从前的门阀贵族基本都衰亡了，据守在吏部并将其作为贵族主义老巢的有实力者早已不复存在，现如今吏部成了单纯处理人事的政府部门。吏部试虽然还存在，但逐渐流于形式，到了清代，身、言、书、判的考试在实际上已经不举行了。所以对于官吏将来的立身出世，殿试的成绩起到了最为关键的作用。

制定考题

殿试虽然是由天子自己举行的考试，但实际上是从朝廷大臣中选取长于文笔者来充当考官。之所以称之为读卷大臣，而不像会试时那样称为阅卷大臣或者审查试卷的大臣，是因为审查原本应由天子亲自负责。然而天子并不亲自经手试卷，而是让大臣读卷，听取其结果后再做出评判，所以读卷大臣的意思是负责读卷的大臣。

读卷大臣的人数为八名，其中包含了相当于日本内阁总理大臣的内阁大学士。因此这场考试的事务不单单是一个部门的工作，内阁以下各官署的官吏都会在必要时被进行总动员。例如在考试的监督方面，虽然与内阁系统有别，相当于日本检察厅检事的御史则会被动员担当监督工作，而宫中的宦官甚至要承担殿内的杂役。

在考试的前一天，也就是四月十二日，读卷大臣制作好考题的草案并上奏，得到批准以后就将其带回内阁开始印刷。由于担心此时发生考题的泄漏和盗窃事件，朝廷会派军队在内阁周围彻夜警戒。

答题用纸由礼部负责印刷。封皮的背面印有填写姓名、年龄、门第等项的地方，里面是十六页的折本，每页都印有六行红线。虽然惯例是一行写二十四字，但没有按字打格，所以大家按照自己的估计来决定写入的字数。最外侧的边框用红色粗线分隔，纸张印刷精美、纸质上等，折本本身非常漂亮。答题用纸会在考试当天点名时连同草稿纸一起，配发给贡士也就是考生每人一份。

除此之外，礼部的官员还必须预先和侍卫长们商量，来到作为考场的保和殿，安排贡士用的桌案，并在桌案的一隅贴好座位号。

殿试入场

　　四月二十一日早上，贡士通过宫城正门午门，在正面的太和门前集合。太和门平时是关闭的，通道是东西两侧的边门昭德门和贞度门，因此贡士被分为两组，按照事先定好的座位号，奇数者在靠东的昭德门外、偶数者在靠西的贞度门外，分别接受礼部官吏的点名。点名过后会分发答题用纸，再通过各自的边门来到太和殿前的广场。此时贡士携带的笔砚等物品会交由当值的兵卒搬运。因为贡士可以说也是天子的重要客人，所以原则上对他们的接待必须极尽郑重。

　　被分为两组的贡士中，进入昭德门的人继续向广场东侧行进，进入贞度门的人则继续向西侧行进，接下来分别通过叫作中左门和中右门的小门。里面耸立着保和殿这座巨大的建筑，然后就是登上宫殿宽广的平台。该平台是被三重栏杆围绕的高台，表面平坦地铺有切割的石条。被分为东西两组的考生在此平台的中央，也就是保和殿正面入口的宏伟台阶前合流。

　　虽然称为台阶，其中央部分实际上并没有台阶，还是叫作大理石坡道才更加恰当。由于是没有台阶的斜坡，光滑难以攀登，但在其表面有龙形浮雕，以此作为防滑物，还是勉强能够上下的。不过这里是只有天子才能通过的地方，所以被称为龙陛，其他臣下都是从左右的台阶上下。

　　登上龙陛顶点后便来到了保和殿的屋檐下，在那里预先设有叫作香案的桌子。等到贡生们在下面的平台排好队，内阁大学士便拿着印有考题的纸包出现在了东侧的屋檐下，同时礼部尚书出来相迎。礼部尚书跪接纸包并将其置于香案之上，然后三次叩头行礼。这之后，司仪官引导读卷大臣以下的负责考试官员到香案前列队，按其号令一起行三跪九叩之礼。接下来轮到贡士们，也遵从司仪官的号令同样行三跪九叩之礼。

行过三跪九叩之礼后，礼部的官吏将香案上的纸包打开，从中取出考题，走下台阶发给贡士每人一张。贡士跪下三次行礼后，再恭谨地领受考题。接下来贡士们遵从司仪官的引导登上台阶进入保和殿之内，然后按照各自的座位号就座。保管携带品的兵卒也随后进入，找寻物主的桌案，将物品置于其上，事情办妥后便迅速离场。之后考试立即开始。

试卷的作答方法

因为殿试是天子亲任考官并负有全责的考试，所以考题不同于以往，而是采用了敕语形式的策问。贡士们打开考题后会发现这是很长的问题，并且用庄重的文体写成。大体的形式是确定好的，在最前面写有"朕惟"，开头处的意思大概是："尔等贡士能接连考中各场考试，都是天下的人才。如今参加殿试，回答朕的问题。朕作为天子，对天下政治负有责任，日夜为人民的安宁操心过度。这次所幸有机会向尔等贡士发问，关于接下来的问题，希望能听到尔等平日的抱负。"然后是问题的内容，最后结尾处的话语大概是："尔等在此良机，不要有任何顾虑，一定要坦率地写下自己的所思所想。若是客客气气、畏首畏尾，则无法充分表达出自己想说的话，或者用违心的谄媚之言来完成任务，反而是辜负了朕的厚意！"

对此，贡士的试卷也与以往不同，是对于天子的提问给出对策，也就是意见报告书，采用奏文的形式。在最开头处写有：

"臣对臣闻"，也就是小人谨作答，据我所闻。

接下来陈述序言，大体意思是："天子日理万机，勤于政务，在繁忙中能够腾出时间，向臣这样初出茅庐之人听取有关古今政治得失的意见，不胜感激。"写完这些以后才进入正文。

　　答题纸每行能写入二十四字，但回答时要在上面空两格，从第三格开始书写。这是因为在下文中需要使用皇帝陛下这样的词语时，必须抬头也就是另起一行，然后抬起两字书写，所以才会预先留出空白。不过将自己写作臣时，并没有像日本的申请书那样，特地把"私仪"降格书写的形式。所以起首的"臣对臣闻"只要从最开始第一行的第三格开始书写就可以。但通常是用稍小的字略微靠右书写"臣"字。

　　除此之外，在形式上还有各种各样的条件，其中之一便是抬头。抬头有三种。其一称为双抬，是皇帝以及

殿试试卷的开头部分

表示与皇帝有直接关系的词语，如天颜、上谕等也要抬起两字书写。但是在中国式的思想中，还有比皇帝更加尊贵的人。那就是皇帝的父母，或者祖先，关于这些词语，比如皇太后或祖宗等词语就比其他词语高出了三个字的位置，而其中的一个字已经到了栏外，这叫作三抬。另外皇帝的附属品，如碰到京师、殿庭、国家这样的词语，只抬一字书写，称之为单抬。

　　可是在作答时，因为始终从上面空两格的话，外观上会不美观，所以必须在有些地方故意加入抬头的字句，从而打破单调的局面。普遍采用的形式是在第五行或者第九行写出皇帝陛下这样的词语来进行抬头，然后跳过一行，在接下来的一行再拿出需要抬头的词语。在最初的皇帝陛下之前必须写上"钦惟"，也就是谨思，此时必须将这两个字安排在一行的最下面，总之其后不能留有哪怕一个字的空格。

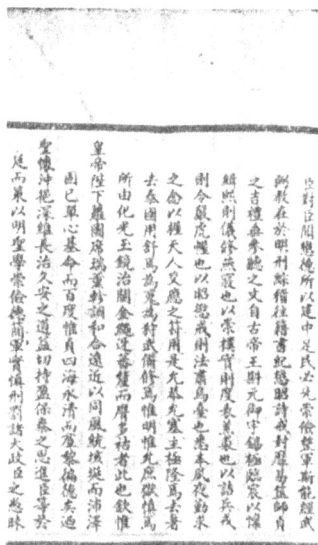

殿试试卷的末尾部分

但也不只是这种情况，任何一行的末尾处留有空格都会被认为不美观，所以试卷作答的秘诀是每逢抬头都要好好计算字数，将文字填满。幸好汉文中有"也"和"矣"这样的助词，所以如果恰当地运用它们，填满文字也未必不可能。虽然在一行的末尾留有空格并不是违反规定，但必然会遭到特别减分。

由于天子出的题目非常长，所以在一定程度上也必须对其进行很长的回答。至少需要写一千字，按规定，少于一千字的回答不能及第。关于出题的内容，在清朝建国初期，是要求对于实际必要的天下统治抒发自己的抱负，但后世的考题逐渐形式化，只是关于过去历史事实的观念性问题，要求考生对此写出意见。但是由于贡士们必须熟知这些历史的出处，以便显示出自己的博学，因此采用所谓实策来作答，而不会创作空策，也就是搬弄文字、毫无内容的空泛文章。

最后的总结也有形式上的规定，如图所示。

考生使用这样的词句来终结试卷。另外如果这时还留有十四行的空白，则被看作是巧妙的做法，但也有命令说过没有必要拘泥于这种形式。

因为殿试在原则上毕竟是天子亲自在宫中举行的考试，所以作为考生的贡生也受到了恭敬的对待，不像之前的考试那样，考生从一开始受到的待遇就很不好。特

臣末学新进罔识忌讳干冒宸严不胜战慄陨越之至臣谨对

别是司仪官和宦官等人会来招待贡生饮茶，还在中午提供食物，同以往的考试相比，存在着天壤之别。再者，由于宫殿中央阴暗，光线不足，允许位于大柱子阴影等处的人将桌案移到窗边。

试卷必须在日落之前完成，未完成的人则会落第。确有写得慢的人，到天黑也无法完成。但是对于贡士而言，这是最后关头，所以死抱着试卷不走的事情屡有发生。

1889 年，有位从广西省来的贡士叫张建勋，他到日落还有半页左右没有写完。负责人员走过去看，发现写完的部分确实是出色的回答。由于非常可怜他，于是那个负责人员将桌案移到了殿外，让他在屋檐下继续书写。这个人没见过什么世面，此时不知是因为非常紧张还是惊慌失措，最后好不容易完成的部分简直惨不忍睹，笔迹乱七八糟。负责人员觉得已经爱莫能助，但好歹试卷写完了，就把这份卷子连同其他试卷一起转交给了审查人员。没想到这张试卷竟然以第一名及第。

前面提到过，保和殿最内侧有天子的宝座。天子本应亲自到场，在宝座上监督考生，但实际没有几位天子身体力行。特别是到了清朝末期，几乎没有天子现身殿试考场的情况。而且天子缺席以后，在殿内举行考试的气氛开始越发缺少严肃性。据说搬运物品的兵卒也完全不想帮助贡士了，他们只是对苦于拖拽沉重行李的考生冷眼旁观。反而在更早之前的宋代等时期，天子非常热心于此，经常会出现在殿试考场。

距今正好千年以前，在宋太宗亲自举行殿试的时候，随员之一的王禹偁留下了讴歌盛况的诗篇。下面引用这首诗的一部分：

日斜犹御金銮殿
宫柳低垂三月烟
炉香飞入千人砚

麻衣皎皎光如雪

大概是因为贡士们在进入天子的宫殿时，都身着新做的麻布衣服，而衣服如白雪般随风飘舞。这真的是悠然自在的情景，但对于作为考生的贡士而言，根本无从悠闲。他们必须饱受艰辛、拼命努力。

殿试试卷的审查

对于作为殿试试卷的对策，唯独写有姓名的部分需要用糨糊封上，然后试卷便被直接送到担任审查人员的读卷大臣那里。于是读卷大臣们聚集在宫中的文华殿，开始审查试卷。如果读卷大臣的人数是八人，那么首先就把试卷按照每人三四十份进行分配。此时就像发纸牌一样，每人每轮发一份，直到发完为止。但如果是年龄太老的大臣则受到照顾，会少发给他一些。每个人都对得到的试卷进行预审并打分，而最初的打分非常重要。因为规定当此之际，无论大家的意见有怎样的分歧，都不能给出相差太远的分数。

成绩被分为五等，〇是满分，●是八十分，△是六十分，丨是四十分，×是二十分。并且在给出的分数上面还要写下审查人员的姓氏，由此来明确责任。审查完的试卷被陆续传递给其他人，等到八人全部完成打分以后，最终算出合计的分数。据说这些工作无论如何都需要花费三天的时间。

因为作为审查人员的读卷大臣毕竟是国家部长级别的人物，受到天子的信任，所以清朝最初是允许他们在每天的工作完成后回家休息的。但到了后来，为了避免走后门活动造成的危害，从乾隆年间开始，大臣们就要在文华殿两侧的小屋里住宿了。

读卷大臣必须从数百张试卷中选取最为优秀的十份并给出假定的

名次，然后将试卷进呈天子，请求最后的定夺。但这个时候经常会发生争执。具体说来，审查人员们互相争论，都希望让最初由自己阅览的试卷入选，而入选以后又想尽可能提高试卷的名次。虽然看上去这种争执没有意义，但或许可以说成是官僚的宗派主义吧。如果公平地让每位审查人员都从自己最初负责的试卷中选取一份放入十人的候选名额里，此时还是会有不公平的情况发生。因为若是成绩优异的几份试卷都不幸汇集到了一个人手中，则这些试卷会有落选的风险。另外，由于审查人员的首席大多是官居高位的老年人，通常大家都会很客气地让他只负责少量的试卷，但结果却是这少数的试卷最有可能入选。如上所述，读卷官同僚由此而大打出手的情况是实际存在的。

然而仔细想来，试卷就是撰写的文章，所以根本无法保证打分的公平。经常是比起试卷的内容，更看重文章；比起文章，更看重笔迹。而且笔迹不是根据真正的美术性价值，因为方正粗体、像印刷活字那种毫无个性的字看起来漂亮，所以往往这样的字才会获得较高的分数。晋代的王羲之被认为是古往今来的著名书法家，如果让王羲之那样的人参加殿试，恐怕会立刻落第吧。

到了清朝末年，为了避免读卷官同僚间的争吵，推荐的权力完全被交给了担任首席的老年人。不过必须是所有审查人员都给出满分〇的试卷才能够入选。

四月二十四日的早晨，读卷大臣将十份试卷送到天子手中。由于试卷的作者本人也会受到天子的接见，所以必须预先等在门外。天子亲自审查这十份试卷并排出名次。虽然在大多情况下是依照读卷大臣排列的顺序，从最上面的人开始依次给出第一名、第二名，但有时也会发生出乎意料的事情。读卷大臣向天子进呈试卷时，一般是预先撕开封口让姓名露出来，然后再上交，但也有天子命令不得拆封。而且如果天子说要看过本人的长相之后再打分，则需要让当事人觐见天子，等天子仔细观察了他的行为举止和容貌后才会做出决断。再者，有的天子不满于读卷大臣的错误见解，所以要根据自己的想法来打分，而有的天子是因为实际审查太过麻烦，却又不想完全听任读卷大臣，便胡乱抽出排在下面的人，提高他的名次，再从上往下依次标上序号。天子无论想做什么，都是绝对自由的，宋代以来近世独裁君主的姿态便是不受任何人的约束。

对于进呈的十份试卷，最为重要的是第一名到第三名的人选。究其原因，是因为到第三名为止是第一组，也称作第一甲，他们受到的恩典是无与伦比的。从第四名开始是第二组，被归入第二甲，只能说是成绩比较好，无论从荣誉还是实际利益上来看，与其他人相比都得不到什么特别值得庆幸的恩典。

大字不识的首席考官

作为殿试试卷的审查人员，读卷大臣们的人选出自特别有学问的大臣之中，所以能够被任命为读卷大臣，在大家看来是非常光荣的事情。但其人选偶尔也有例外。满人出身的将军兆惠被乾隆皇帝任命为首席读卷大臣就属于这种例外的情况。

1760 年，将军兆惠在新疆省击破了势焰极尽猖獗的瓦剌族，建立了平定天山南路的武勋，随后威风凛凛地凯旋而归。乾隆皇帝大喜过望，任命兆惠为第二年殿试的首席读卷大臣。兆惠大吃一惊，推辞说："这样的命令臣实在担当不起。如果派臣去战场，无论到哪，臣都会立刻飞奔过去，但考试就不擅长了。还请您任命其他的人吧。"

乾隆皇帝说："知道你不认字。但名字总该会写吧？"

"因为报告战况时需要，勉强会写名字。"

"那就够了。你就把试卷都交给其他人去读，再最后一个打分。○多的，你也画○。△多的，你就画△。在上面写上自己的姓就可以了。剩下的事情，其他人都会帮你做的。"

于是不识字的兆惠被迫担任了首席读卷大臣。在这一年的贡士之中，包括了后来作为历史学家闻名于世的著名文章家赵翼。其他的读卷大臣公推这位赵翼为第一名，排好名次后便把名单拿到了天子面前。乾隆皇帝审查了一下所有人的姓名，发现有一个陕西省出身、叫王杰的人。在前一年的战争中，陕西省由于处在军马行进的路线之上，人民为此付出了非常多的牺牲。乾隆皇帝知道这件事，所以就把排在第三名的王杰调到了第一名，而将赵翼放在了第三名的位置上。因为状元也就是以第一名及第，对于本人的荣誉自不待言，甚至连他出身地方的人也把这作为空前的荣誉而大为欢喜。

但由于这样的事情而被降到第三名的赵翼非常失望。他在参加这次考试之前就以临时雇员的身份在中央政府工作，也受到了高官大员们的垂青，称赞他的才干。所以赵翼也被期许将来能在仕途上大展宏图，结果因为这件事而完全丧失了信心，醒悟到不能依靠人的命运。从那以后，他就逐渐远离实际政治，一心向学，特别对历史学抱有兴趣，写就了到目前为止被称为空前名著的《廿二史劄记》以及其他很多著作，都有益于后学。可以认为凡是有志于中国史学的人，没有不受到其著作恩惠的。这应该称作是因祸得福的功名，比起成为俯拾皆是的政治家，以特有的学风对历史学做出贡献的人也许才是有利于后世的吧。

在清朝初期，读卷大臣人如其名，实际是负责阅读试卷给天子听。这有着更久远的渊源，在宋代，考官也选取殿试中优秀的试卷，轮流在天子面前阅读。宋仁宗的漫长盛世中，有一位叫作王洙的大臣，屡次担任殿试的考官。他的声音清亮，阅读文章时的抑扬顿挫也很巧妙，王洙阅读的试卷经常被天子所中意而取得最高分数。因此据说贡士们都希望能够由王大臣阅读自己的试卷。

殿试的成绩公布典礼

天子确定了最优秀十人的名次以后，在第二天会公布包括这十名在内的全员成绩。但因为这次是天子举行的考试，所以不只是公布成绩，而是举行授予学位的庄严典礼。这个典礼叫作传胪或者唱名，两种叫法都是点名的意思，其名称就是来源于逐一在天子面前点名并授予学位。如同在英国和美国将毕业典礼称为 commencement（开端仪式）那样，这一典礼既是漫长书生生活的毕业典礼，同时也是作为独立的官僚资格持有人迈出第一步的成人仪式。

四月二十五日的传胪大典是在太和殿举行的。太和殿是宫中最大也是最为重要的宫殿，正式的大型仪式都在殿前举行。当日，北京在职的高官身穿礼服进宫，在太和殿前面的平台上集合，其中也有王公登上宫殿的台阶列于屋檐之下。百官端正仪容，并排而坐，在他们的后面，中试者被领到这里列队。这些中试者都身穿制服，帽子上配有称作三枝九叶顶的饰物，像是祇园祭的长矛一样。

待太和殿前的准备完成后，天子率领仪卫随从从皇宫出发，此时宫城正门午门的城楼上钟鼓齐鸣。天子在进入太和殿时，音乐会被奏响，就座于宝座后，音乐戛然而止。司仪官挥舞带有长皮绳的鞭子，啪啪鸣鞭三次，然后音乐再次奏响，读卷大臣走上前去行三跪九叩之礼。礼毕后音乐也随之停止。

内阁大学士手持贴有中试者名单的告示，当面交给从东边屋檐下走出的礼部官员。因为在这份写着中试者姓名的榜单上盖有天子的印章，所以称为金榜或者黄榜。礼部官员跪受金榜，将其放到预先准备好的桌案之上，然后行三叩礼并退下。之后音乐再次响起，司仪官命令中试者在百官面前列队，随后大声喊："有制！"（有敕语！）中试者便一齐下跪。音乐暂时中断，司仪官立于屋檐下稍微靠东的地方开始宣读敕语。大体的内容是："尔等贡士不远万里到此来参加殿试，并能成功考中，如此甚合朕的心意。因此授予各位进士的学位，今后还要更加尽忠。"

等敕语念完后，终于开始了唱名，也就是点名。当点到"第一甲第一名，某某"，一位司仪官便找出被点到的人并把他带到队伍前方，让其跪在中央稍微靠东侧的地方，点名会被重复三次。接下来点三次"第一甲第二名，某某"，第二名中试者被带出，跪在中央靠西的地方。然后点三次"第一甲第三名，某某"，第三名中试者走出队列并跪在第一名的后面。再之后，"第二甲第一名，某某；第二名，某某……""第三甲第一名，某某；第二名，某某……"大家会被依次三度点名，但这时被点到的人只是在原地聆听，并不离开队伍。

唱名结束后，会奏响比之前更加热烈的音乐。司仪官号令大家行以最高等级之礼，中试者——已经获得进士学位的预备官吏们便一齐行三跪九叩头之礼。礼毕后，司仪官引导新科进士们回到原来的位置，让他们在百官的后面列队，典礼就此结束。

音乐终止，司仪官发出信号，然后礼部官员恭敬地手捧作为中试者名单的金榜，走下中央的台阶，将金榜放到叫作云盘的担架上，以象征天子的黄罗伞盖为先导，云盘被抬出正门。礼部官员和第一甲的三名新科进士紧随其后从正门出来，而其他进士则分别从东西两个边门离开。

司仪官鸣鞭三次后，音乐奏起，天子起驾回宫。然后以音乐的完全终止为信号，百官一同离去。

第一甲的三人中，称第一名为状元，第二名为榜眼，第三名为探花。这三人被天子赐予进士及第的学位，都是非常高的荣誉。特别是对于状元来说，他已然赢得了人生中的无上荣光，比如小说的主人公就经常以状元才子的身份登场。同时，第二甲的全体若干人被赐予进士出身，第三甲则被赐予同进士出身的学位，这些都是被终生记载在头衔上的荣誉。西方人一般将进士翻译成博士（doctor）。

　　中试者的金榜被放在云盘上，作为先导走在所有新科进士的前面，等到了午门的前面，再将金榜放置于龙亭中，龙亭是用五彩装饰的肩舆，然后由兵士抬起龙亭在街上列队游行。伴随着乐队奏乐，龙亭来到了东长安门外，并被安放在那里。同行而来的新科进士们也在此处聚集，重新观看榜单上自己的姓名。他们参加宫中大典时一直处于忘我的状态，而到了这里才终于回过神来，一定都感慨万千。金榜会在这里张挂三天，以供众人观览，到期后则被送往内阁保存。

　　去东长安门的一路上，军队前后保护着金榜缓缓而行，另外还有乐队，而新科进士们会加入这些队伍中，但大家到了这里就解散了。顺天府尹（相当于日本东京都知事）会率领着侍从，将状元、榜眼、探花三人邀请到府，举行庆贺及第的宴会。此时因为状元是主宾，所以坐在朝南的正席上，榜眼居左、探花居右，而顺天府尹担任东道主，坐在末席。这时所使用的音乐是特别从宫中直属教坊借来的妓乐。宴会结束后，府尹和府丞会单独将状元送回住处。直到前一天还只是一介书生的无名青年，如今却变成了众星捧月般的人物。

　　在之后的一段时间里，新科进士们要礼仪性地往来于各种公私宴会间，终无宁日。这种繁忙程度让人高兴得叫苦不迭。

　　公认古往今来有四件最大的幸事令人终生难忘：

　　　久旱逢甘雨
　　　他乡遇故知
　　　洞房花烛夜
　　　金榜题名时

宴会与谢恩典礼

传胪的第二天，新科进士一同被召集到礼部（相当于日本的文部省），参加叫作恩荣宴的庆祝宴会。场地虽然在礼部，却因为是天子所赐，所以由内大臣担任东道主。这是大型的酒宴，此时除了与殿试相关的读卷大臣之外，事务系统的全体负责人员也会前来参加。每桌都是官吏和新科进士适当地混坐在一起，但此时自大臣以下的官僚都不能坐在正席。因为这个宴会带有对殿试的慰劳之意。另外由于是天子赐宴，所以无论是食物还是酒水都从宫中赐予，音乐也是宫中直属教坊的妓乐，司仪官负责往来倒酒。

恩荣宴有一个奇怪的习惯。当宴会结束、正宾离席之际，等在门外的杂役会争先恐后地闯入会场，公然抢夺吃剩的食品。然后互相之间的叫骂争夺就发展成了大骚乱。新科进士们只能惊愕地看着，一边注意着别让食物的汁水弄脏衣服，一边仓皇失措地离开现场。成为预备官吏的他们，被迫早早地看到了官场纲纪的紊乱，这可以说是宝贵的体验。从清朝最开始，这种不好的习惯就已经存在了，虽然以整肃纲纪闻名的雍正皇帝严令禁止过这种行为，但据说直到清末，情况都终究没能得到改观。

另外在恩荣宴四日后的四月二十八日，新科进士们全体集合，一同前往午门遥拜皇宫，这是举行对于授予学位和恩荣宴的谢恩典礼。当此之际，状元必须代表全体进士奉上谢恩表文，但无奈于刚刚成为进士不久，对表文的形式不甚了解，所以通常都是请前辈代写。代笔者的第一人选是三年前的状元，但如果本人由于步入官场而不在首都，则再上一任的状元会成为候补者。如果这个人也不在的话，就不得不为了寻找代笔者而手忙脚乱。代笔者至少也必须是第一甲的三人，否则大家会认为不合适，所以就出现了下面那样的事情：如果拜托一个人担任代笔者，这个人可能会以某某人更能够胜任的理由推辞，但历尽周折后，最终代笔者还是落实到了最开始的那个人身上。虽然极尽繁文缛节，但由于代笔者能够得到一笔可观的酬金，所以据说接受的一方也要非常客气。状元虽然是及第后不久，却不得不深切体会身处官场的艰辛。

当天，宫中的司仪官出午门等候，然后状元带领着全体新科进士来到门前。进士们分为两组，在中间的道路两旁相对而立。状元走上前去将代笔的上表呈放在预先设置好的桌案之上，然后行三叩礼并退下。司仪官发出号令让全体新科进士朝向北方，当他喊"行大礼"之后，大家一起行三跪九叩之礼。此时，通常由天子赐予全体进士衣服、帽、靴等物品，另外每人还赐银五两。表文先被送到礼部，再从礼部转交内阁保管。

五月一日，新科进士们被命令到位于太学的孔庙中参拜。这时也是由状元和第一甲的另外两人担任主角，首先朝拜孔子像并献上贡品，然后再朝拜配享的颜子、子思、曾子、孟子以下诸位弟子的塑像。相当于大学校长、副校长的祭酒、司业会出来负责简单的接待工作。这叫作释褐之礼，也就是从书生身份上升到官僚地位的报告祭礼。

之后按照惯例，礼部上奏天子，请求在太学的门前竖立题名碑，然后从工部（相当于日本建设省）支银百两进行施工。在巨石的表面刻上从第一甲第一名到第三甲最后一名为止全体人员的姓名和他们的籍贯，然后将石碑立起。这一习惯始于元代，由于太学的位置自那以后没有改变，所以经历了明朝、直到清末的题名碑如今依然如墓地的墓碑一样林立于此。不过清代官吏中有人为了侵吞一部分政府支出的银两，便削平前代石碑表面进行二次利用，因此据说元明时代的石碑中有若干块丢失了。

因为要在每位新科进士的原籍住所门口竖立牌坊，政府会给予大家每人白银三十两，而特别给予状元八十两。坊就像是日本的石制鸟居那样的建筑，如果门前不方便的话，则会被竖立在小巷的入口处。虽然并不是所有进士都切实履行竖立牌坊的工作，但对于状元而言，当地的人民会将其作为乡里的荣誉给予支持，建造出庄严的牌坊。这种牌坊就是叫作状元坊的建筑，在中国各地都经常能够看到。

礼部为了纪念这一盛典，则会编纂叫作《登科录》的册子。首先要将列有天子的制策（考题）、第一甲三人的对策（作答的全文）以及全体进士姓名和籍贯的册子献给天子，然后将同样的文字内容交付印刷并配发给各政府机关。这份《登科录》也叫作《金榜题名录》。

新科进士中有人也会将自己所作的试卷印刷后分发给亲戚和知己，在这种情况下，相比于殿试的对策，他们反而选择会试时的"四书"题。因为殿试对策的本质是上奏文，毕竟在公布时带有忌讳的地方，而且徒具形式，内容索然无味。但是坊间的书店却争相入手对策的原文，据说是为了印刷卖与举子而获取巨额利益。

唐代的进士

本书到目前为止，一直是以科举极端复杂化的清朝末年为中心进行叙述。但距其一千多年前的唐代有着不同的社会状态，处于贵族制度依然繁荣的时代，因此科举的方式方法也存在相异之处。尽管如此，令人感到意外的是唐代的旧事长期对后世产生着影响，所以笔者希望在这里对当时的情况进行粗略的考察。

唐代的首都位于陕西省的长安，因为尚没有叫作殿试的考试，所以只要通过了相当于后世会试的贡举就能马上成为进士。然而在此过程中将举行怎样的考试？而最终考试及第后，取得了进士荣誉的人们又有着怎样的喜悦？后世对这些都一无所知。由于从前代继承的贵族主义到了唐代还继续盛行，在进士及第前后所举行的惯例活动中，依然保留着一些"文雅"的规矩。

新科进士们在中试者名单公布以后，会一同到知贡举的宅邸拜访，感谢作为考官的知贡举给予关照。可能是人数过多，双方在庭前会面，分别报出姓名、名次、年龄，然后缔结师徒的盟约，从那以后进士称考官为座主，称自己为门生，发誓情谊终生不渝。如果某位新科进士与考官自己及第时的名次相同，则他会作为继承师父衣钵之人而蒙受特殊的眷顾。这次会面结束后，只有状元被邀请到堂上，与考官相对而坐，接受其款待。

之后轮到考官带领全体新科进士访问宰相的宅邸，向宰相介绍每一个人，新科进士们从这以后才能够出入于贵族的社交界。

接下来新科进士们聚集到叫作期集院的官营饭店举行庆祝宴会。同年及第的进士们互称同年，不管年龄高低，都作为朋辈交往，相互之间谋求方便。这间饭店在当时因为提供长安城中最高等的酒食而闻名于世。

再之后新科进士就要到应该称为人事院的吏部接受身、言、书、判的考试，中试者被立即任命为官吏，并指定赴任地点。这个考试也叫作关试，大家在关试后马上会再次集合召开宴会，称为关宴。朝廷的百官都来参加这次宴会，也有从天子那里借来的宫廷直属教坊的妓乐，宴会非常盛大。地点在城内东南角的曲江，在那里举行所谓曲水流觞的游宴，所以宴会也被称为曲江宴。另外进士中有人必须到很远的地方赴任，因此这次宴会同时也被称为离宴，带有惜别之意。

政府各机关的宴会场地都被设在了曲江之畔，政府的高官们会带他们的家人参加此次宴会。如果大臣们家中有妙龄的女儿，这个宴会就会作为择婿的好机会被利用。不只是百官，天子自己也为了能看到这一盛况，驾临叫作紫云楼的高级饭店。之所以称为楼，是因为这家饭店是两层构造。天子大概能够从二层饱览到百官和新科进士们意气风发地盛装往来以及宴会后打毬（骑马打波罗球）取乐的景象。

　　大家会从新科进士中选出两位年龄最小并且容貌秀丽者，命令其担任叫作探花的职务。他们要遍访长安城中的名园，亲手撷取最为艳怒放的牡丹花并展示给大家。如果此时有其他人带来了更加美丽的牡丹，则探花以怠职罚酒，也就是被处罚大量饮酒。

　　宴会结束后，新科进士们一起结伴骑马，寻访那朵牡丹花的出处，并且前去观赏。对于新科进士而言，这的确是人生中最美好的一天。他们在长期拼搏的考试生活中费尽了心神，没想到突然进士及第，无量的前途就此打开，庆祝宴会日复一日，而这时终于有了到达人生巅峰的感觉。可以说长年的辛苦到此总算有了回报。从古至今留下了很多讴歌这种喜悦的诗作，唐代孟郊的作品便被后世广为传诵：

　　　　昔日龌龊不足夸
　　　　今朝放荡思无涯
　　　　春风得意马蹄疾
　　　　一日看尽长安花

　　由著名的玄奘三藏开基的慈恩寺紧邻曲江之北，寺中的大雁塔高高耸立。不知从何时起，新科进士们开始将各自的姓名写在了慈恩寺的石壁之上，不久后还选派同伴中的知名书法家来负责书写，最终后人为了不使名字消失，改用凿子进行雕刻。而且这些进士们如果后来发迹成为宰相或大将，照例还会将自己的名字漆成红色。元代以来在孔子庙前竖立题名碑的习惯便是仿效了这一旧事。

状元的荣誉和责任

　　在新科进士中，状元受异性欢迎的程度也非同一般。如果是独身，有权势者和大臣会接踵而至，请求他迎娶自己的女儿。某些有权势的家族还为了让新科状元成为女婿，而强行将状元与糟糠之妻拆散。著名戏曲《琵琶记》虽然是元末明初高东嘉的作品，但主人公是东汉的状元蔡邕。在科举制度尚未建立的汉代，状元这样的称呼很是奇怪，然而因为是文学作品，请各位读者姑且容忍一下。作品说的是对于以优异成绩考取状元的蔡邕，当时的当权者牛丞相不顾他已有妻子的事实，仰仗着皇命，强行让他成为自己女儿的夫婿。

明代汤临川所作的《邯郸梦记》中也有状元登场。这是在"邯郸梦枕"的故事基础上改编的戏曲，而此故事在日本也广为人知。在繁华的邯郸城中，有一位叫作卢生的贫穷青年，他从仙人那里借来了枕头假寐，在此过程中做了一个长达一生的梦。梦中先是实现了自己憧憬的状元及第，然后他被任命为将军并立下大功，凯旋回京后不久却受到奸臣谗言，险些被处以死刑。但又冤罪得雪，拜为宰相，当八十几岁寿终正寝时才从梦中醒来。梦醒后他发现自己仍然身在旅馆的屋檐下，而从睡前就开始蒸的米饭还在锅中没有蒸好。由此卢生深切感悟到人生就如同这场梦一样变幻无常，便跟随仙人修习仙术去了。

如上所述，状元在受到了世间极度赞扬的同时，责任也更加重大。毕竟天子赐予进士空前的荣誉是希望他有朝一日能够成为朝廷的柱石。特别是既然受到了不同于其他进士的特殊恩典，那么状元也要感激知遇之恩，必须抱有不惜将自己的性命牺牲于天子马前的觉悟。南宋被蒙古族的元朝攻陷首都而灭亡，当此之际，任何人都能够清楚地看到大势已然不可挽回，尽管如此，状元出身的宰相文天祥带领区区之兵转战各地，不仅为了汉族，而且为了宋朝的天子，展现出了万丈的豪情。他兵败后所作的零丁洋诗充分说明了状元的立场：

辛苦遭逢起一经

干戈寥落四周星

山河破碎风飘絮
身世浮沉雨打萍
惶恐滩头说惶恐
零丁洋里叹零丁
人生自古谁无死
留取丹心照汗青

即使他接二连三遭遇败绩也并不在乎，从最初志于经书的学习开始就甘愿饱尝这一切的艰辛。因为他觉悟到了这一点，所以明白这完全是理所当然的结果，诗作也正是诉说了这样的心境。

五十年前的美少年

进士及第可以称得上是自古以来的万难之业，为了下次能够考中而沉迷于准备考试的学习之中，而岁月却在不知不觉地流逝着。刚开始还是红颜美少年，无意间过去了十年、二十年的时光，最终自己成了五六十岁的老人。唐代的谚语中像下面这样描述：

五十少进士

而在宋代会用"五十年前二十三"来嘲笑老年中进士的人。南宋初期，在殿试结束后的唱名之际，天子发现新科进士中有一位很苍老的白头翁。天子把他召上前来询问年龄，竟然已经七十三岁了。当问到子女有几人时，他却回答说还是独身。天子十分同情他，便从宫女中选出一位施姓的美人赐婚于他。时人马上编了一段谚语来嘲笑他道：

　　　　新人若问郎年几
　　　　五十年前二十三

此外，一个叫詹义的人在进士及第后，作诗自嘲道：

　　　　读尽诗书五六担
　　　　老来方得一青衫
　　　　佳人问我年多少
　　　　五十年前二十三

一喜一忧

　　然而即便像这样好不容易考取了进士，之后也不一定每个人都能一帆风顺地为世间称道，并晋升官位。纵使状元也并非一定能够登上大臣和宰相之位。科举及第不单单是由于实力，运气也起到了很大的作用。所以哪怕在考试时走运，如果在及第后与好运无缘，那么也只能掉队。

　　1814年的殿试状元龙汝言据说就不是靠能力而是时运考取的状元。他最初是满人大臣的食客，因为这样的关系，此人被天子嘉庆皇帝所知晓。天子对他非常信任，由于殿试及第者中没有出现这个人的名字而非常不悦。获知此事的下一任读卷大臣便特意推荐龙汝言为第一名。天子很高兴，直接将龙汝言定为状元，让其侍奉左右，并吩咐编纂作为前朝记录的《实录》。然而龙汝言的妻子嫉妒心很强，家中经常矛盾不断，所以他偶尔离家不归。有一天从实录馆送来了需要校阅的文稿，当时他恰好不在家。等到有人来收取文稿时，由于龙汝言依然不在家，他的妻子还没来得及让他过目，就原封不动地将文稿交给了来人。从职务上来讲，理所应当校阅的文稿却在未经他校阅的情况下，作为已校阅的东西被还了回去。

然而不幸的是那其中有一个非常重要的地方没有得到校正，结果产生了重大的过失，由此龙汝言一下子被剥夺了这个荣耀的官位。直到后来道光皇帝的时候他才获得赦免，再次被提拔做了低级官员，但也许是因为之前那次受到的打击太过深重，或者他实际上根本不具备相应的能力，所以他始终担任小官，毫无作为。这个例子说的就是靠运气获得地位的人，很容易又由于运气丧失地位。

除此之外，如果纵观历史，会发现由进士升为宰相的例子实际上并没有想象中的那么多。

其他进士的未来命运也各不相同。当某位不得志的老官吏发现自己饱受半生辛苦考取了进士的地位，却虚有其表、毫无用处，此时他的心境该是何等的复杂。特别是如果看到晚辈的年轻人孜孜不倦地为了考试而勤奋学习的情景，他可能会犹豫不决，是应该上前激励，还是泼一盆冷水，告诉对方这些都是没有任何意义的？宋代的晁冲之写过这样一首诗：

> 老去功名意转疏
> 独骑瘦马问田庐
> 孤村到晓犹灯火
> 知有人家夜读书

但如果让考生自己来说的话，他们可能会回答：虽然即使考中科举后也有失意的情况，但如果没有考中，则会陷入更加失意的境地。的确，年轻人毕竟还是胸怀青云之志，拥有想要战胜任何困难的气魄，这是非常可贵的，想必老官吏也会如此附和。

殿试也有后门

因为天子亲自参与殿试，还把试卷的预审工作交给了自己信任的大臣，所以不像其他考试那样需要制定细致的管理章程。但如果巧妙地利用了这一点，大臣们就可以任意偏袒，以求对自己有利，而考生们也能够趁机开展活动。

殿试是非常注重形式的考试，特别是试卷的最初十四行称为策冒，需要书写在此处的内容是大体上确定的，所以在考试之前也可以预先考虑好想要写什么。因此如果某位考生认识某位大人，而这位大人又有望成为读卷大臣，那么他便将策冒的十四行写在纸上送到大臣手里，请求大臣帮自己修改。真实含义则是："我殿试试卷的开头部分就是这样的词句，请您记下并给予高分。"对于考生一方而言，如果其他人都这样做，而自己则不这样的话，可能遭受损失，所以考生就寻找各种门路进行活动。虽然在表面上大家都非常干净，然而转到背面再看，会发现在众多考官中必定有一位考官知道某份试卷的作者是谁，区别只是说与不说而已。知道试卷主人姓名的话，产生不公则是理所当然的，但知道了姓名以后，考官一方如果做得太不公平则会立刻引起别人的注意，导致自己无法偏袒。作为殿试的特点，读卷大臣不是共同做出决策的责任人，他们只能隐藏在天子身后进行打分。

在清朝咸丰皇帝的统治时期，宗室中有一个叫肃顺的人地位显赫，他对内政外交的各个方面都有所置喙，招致汉人官僚的颇多怨恨。1860年的殿试中，肃顺担任事务系统的总负责人，他给审查人员施加影响，希望他们能推荐自己一个姓高的幕友（私人秘书）为状元。然而一位读卷大臣从最初分配给自己的试卷中发现了高某的试卷，随后便对众人高声说道：

"大家听好，这张试卷肯定是高某的。我决意不给〇。诸位想怎么办都请自便，但如果出现异议，那么全部责任都由我一人承担。"

　　一番豪情壮语过后，他重重地在试卷上画了●。接下来试卷被传到别处并且再传下去的时候，大家都打出了●。于是肃顺的期待落空了，高某最终只是以第二甲第十五名及第。

　　如此这般，发生了各种各样不可思议的事情，所以连政府都为了预防这种弊病，在殿试成绩公布后，另外任命大臣对试卷进行重新审查。不过这并不是为了判断优劣，而是检查有无违式或过失。如果发现了这样的缺陷，哪怕已经举行了传胪大典，被天子亲自授予了进士的学位，考生也会被调整成绩次序，或者被放到最后一名。总之，只要能赶得上孔子庙门前的竖碑刻字就行。

出现在殿试中的报应

　　在殿试的成绩审查时，的确有因为考官的不公平而导致考生走运或不走运的事情。但殿试中几乎不会出现如在乡试、会试中发生的那种怪谈。毕竟殿试是在天子的宫殿中由天子亲自举行的考试，所以即使是亡灵也不敢靠近。就算出现，也是出现在了乡试、会试中。

　　但在天子威严的光芒之下，虽然能够期待考试绝对公平，却还是发生了走运与不走运的事情，这又是为什么呢？依然可以认为是阎王的力量在暗地里发挥着作用，否则便不合情理。特别是对于状元这样的荣誉地位，在千万人中才会有一位幸运者，所以考中的人一定是在不为人知的情况下做了足够多的善事。于是就有了解释，因为只有阎王知晓其事，便暗中操纵，借由天子和考官之手，在此荣耀之时给予他奖励。

　　这是明代的事情，一位叫罗伦的贫穷举人为了参加会试，从江西省不远万里奔赴首都。当到达苏州的时候，他寄宿在了老相识的客栈中，而当晚梦中出现了宋朝的大政治家范文正公。

范文正公说:"我想让你来做今科的状元。"罗伦吓了一跳,便询问原因。

"你已经忘记了吗?你在几年前寄宿在这家客栈的时候,不是受到过年轻女子的勾引嘛。你却回绝了她,真的是勇气可嘉。以如此勇气投身学习,我认为你理所当然能够考中。"说完便离开了。罗伦因为好的预兆而感到喜悦,随后来到了山东省,寄宿在那里的客栈中,当时他的男仆在庭前偷偷捡到了一个金手镯。男仆将手镯藏起来带在身上,在离开客栈的第二天,罗生无意间向仆人透漏出旅费将要用完的事,仆人便趁机装作尽忠的样子,交出之前捡到的金手镯,提议将其卖掉后平分钱财。罗举人十分吃惊,他呵斥仆人,还说要返回去归还手镯。仆人劝阻他,因为可能会耽误考试,主张即使要还,等到考试归来后再还也不迟。罗举人也觉得应该如此,可是他扪心自问后却说:

"考试的话,以后还可以参加。恐怕是客栈的女用人们误将主人的这只手镯弄丢了,一旦发生什么,都是关乎人命的大事。所以不能不管。"

他说完就带着男仆顺原路返回。

当时山东的那间客栈里正好因为丢失了金手镯而乱作一团。实际上是客栈的老板娘在洗脸的时候将手镯忘在了脸盆中,女用人就把手镯和洗脸水一起泼到了庭前。老板娘误以为是女用人偷了自己的东西,便加以体罚。店老板作为丈夫又认为自己老婆有问题,对其侮辱谩骂。老板娘和女用人都发疯似的哭喊说跟自己没有关系,并且闹到了要上吊寻死的地步。此时罗举人回来归还了手镯,终于真相大白。女用人说罗举人是活神仙,叩头拜谢。

罗举人由于往返而浪费了三四天的时间,一边担心着错过考试日期,一边加快行程,不分昼夜地赶往北京。他好不容易在入考场的前一天到达了北京,终于顺利进到了贡院里。罗生并没有耽误会试,而且考中了。接下来他又参加了殿试，竟然幸运地取得了第一名——状元及第。结果真的如同范文正公托梦启示的那样。

这位罗状元后来留下了很多著作，作为明代屈指可数的思想家为世人所尊敬。

下面说的还是明代的事情。一个叫王华的举人受某大官之家所请，到他家去做家庭教师并寄宿在那里。这位大官妻妾成群，却一个孩子都没有。一个晚上，其中一位最为貌美的小妾想进到王华房中。王华非常惊恐，紧按房门不让她进来。小妾便说：

"实际上这是主人的命令。如果怀疑，请看一下这个。"然后从门缝中塞进一张纸片。一看确实是主人的笔迹，上面写道：

"欲乞人间子"

结果王华在后面添了一句：

"恐惊天上神"

就让小妾拿了回去。第二年，王华赴北京参加会试并考中，最后以殿试第一名状元及第。

此时，那个大官把道士招到家里祭祀祖先。正在祭祀的时候，道士睡着了，无论如何都不醒。过了一会儿，道士从熟睡中醒来说：

"正好今天天上举行科举。我因为碰到了，便等其开门，所以迟了。"

"噢？天上也有科举呀。那么状元是谁啊？"

"名字忘记了，但在状元乘坐的马前排列着队伍，有一面大旗开路。记得旗子上写着'恐惊天上神'。"

这位王华是谁？正是王阳明之父，而王阳明被称为有明一代的大思想家。

以上的例子都是自己拥有足够的才能，并积攒下了不为人知的阴德，因此获取了荣耀的状元之位。与之相反，人们相信即使是非常有文才的人，如果在暗地里做坏事的话，那么理应到手的状元桂冠也会离他而去。

宋代有一个叫丁生的举人，他为了参加殿试而住在京城，当时遇到了一位算卦先生。算卦先生端详了丁举人的面相后，对他说：

"你真的是有很大的福相。今科的殿试一定能够中状元。如果不相信，从现在起我们就先约定好。"

说完就在客栈的墙壁上写下"状元丁生"后便离去。数日后丁生邀请朋友一起去赌博。结果这日运气非常好，不大工夫就赢了六千贯钱。在由于越发走运而高兴的时候，之前的算卦先生又来了，可是一看丁生的面相，马上就说：

"哎，很不可思议啊。你是不是做了什么坏事？还是我看错了呢？你今天根本不是状元的面相。"

丁生吓了一跳，坦白了赌博的事情，然后询问该如何是好，算卦先生思考了片刻，答道：

"现在还来得及。赶快把钱还回去。虽然中状元是没有希望了，但以优等及第还是有可能的。"

丁生马上叫来朋友，将之前赢的钱还了回去。当殿试成绩公布后，丁生发现状元果然被其他人抢走了，但自己以第六名及第。

唐代的李生在考举人时以出众的成绩取得了第一名，可是从那以后却一直不走运，怎么也考不中进士。于是就到当时有名的叶道士那里去询问。叶道士一直待在别的房间里念着某些咒语，许久才回到了座位。他问李生道：

"你在之前的考试结束后，是不是勾引了邻家的少女？"

"想来的话确实有过那样的事情。但最后没有勾引成功。"

"不是说成功或不成功。这样的行为本身就是不好的。你原本应该成为接下来贡举的状元。但天帝知道了这件事，作为惩罚，将你降到了第二甲的二十九名。"

"那么我为什么没有考中第二甲二十九名呢？"

"稍等，下面还有别的事情。你是不是和自己的长兄因为房子用
地的划界问题吵架了？所以天帝将你降到第三甲的三十八名。"

"可是我连这个名次也没考中啊。"

"等着，下面还有。你住在京城的时候，欺骗了一位漂亮的有夫
之妇。这是既遂罪。现在却还企图勾引别的少女。如此这样谈何科举
及第？天谴已经折损了你的寿命，还是先赎罪吧。"

听完道士的话，李生面如土色。但已经悔之晚矣，他最终在苦闷
度日中死去。

如果这种事情是真的，确实很可怕。阎王和天帝让他们的部下在
世界中搜罗信息，掌握人间的善恶之事，给予当事人相应的赏罚。人
不能有片刻的疏忽。这是道教实践道德中的根本思想，在中国受到了
普遍的认同。

从这样的立场来看，考试审查官的少许不公平实际上也成了考生
自身的因果报应。每当考试成绩公布，世间就会有各种各样的议论。
什么考取第几名的人是贿赂的结果，什么第几名文章写得不好却是很
有名的人，什么第几名是品行不好的人，如此这般，很容易产生各种
各样的责难。而持有不同看法的人也会为考生辩护：不！第一个人的
家庭是祖先代代都积攒了阴德，第二个是孝顺父母的人，第三个则是
在不为人知的情况下偷偷做了善事，诸如此类。

有一位生员由于乡试落第而十分恼怒，不停地向别人谩骂考官没
有识人之明。在旁边听他讲话的道士却说：

"好像不是那样的吧。你的文章本来就太差了。"

生员更加生气，便对道士反唇相讥：

"一个臭道士。你懂什么文章？"

道士越发稳重地反驳说：

"文章这个东西必须用平静的心境才能写成，像你这样容易生气
的人是写不出好文章的。"

生员哑口无言，就放下架子请教如何才能写出好的文章。于是道士说：

"一切都是天命。天命所眷，文章再差也会及第。如果天命不佑，文章再好都要落第。而天命实际上是众生自己创造的。唉，你现在只能尽量积攒功德，然后静待天命了。"

"即使说要积攒功德，可是像我这样的穷人根本没有积攒功德的能力，这该如何是好？"

"非也，所谓的积攒功德并不只是出钱。全部都取决于你的为人。只有经常保持自律，才能积攒最大的功德。最不应该因为事与愿违就谩骂别人。"

受到了道士的谆谆教诲以后，这位生员进行了深刻的反省，一改自己的作风。据说他果然考中了下一次的考试，虽然成绩不是很好。

这种道教思想太过接受现实，不允许对现实抱有任何的不满，由此就很难产生出革新的思想。但这种完全向现实妥协的思想之所以能够被如此彻底地贯彻下去，在它的内部必然存在着可取之处。在朝廷的政治层面上，对科举定有特殊的严厉刑罚，规定无论是官吏的渎职罪，还是考生的不端行为，都要处以比通常刑法更加严厉的处罚。与之相同，道教的道德戒律也有适用于科举的特别律条，对于学习方面要求尤其严格。想要参加科举的人大多都是有闲阶级的子弟。由于他们既有钱又有时间，所以最容易陷入淫乱。因此道教思想特别对淫乱的行为进行严厉的劝诫。其次是劝戒这些人不能凭借自己的财富而随心所欲地欺负穷人。另一方面，对于保护女子贞洁或者挽救穷人苦难的行为，则被看作无上的功德，做这种事的人会受到奖励，他甚至能够得到科举及第的奖赏。如果反过来看，可以说这种思想是非常进步的。因为本来众生平等，大家都拥有着维系安定生活的权利，但由于贫富悬殊，所以上下地位不同，但高高在上之人绝不能随心所欲地威胁下层民众的生活。

　　道教原本是极其平民性的宗教。善之为善，恶之为恶，有欲望就坦率地承认欲望，不做遮掩和晦涩的狡辩。在这之中蕴含着非常朴素的伦理观，它强有力地深入了民众的内心世界。正是有这样的感染力，道教不单被下层人民，同时也被上流知识分子阶层所接纳，他们的科举观受到了深远的影响。

朝 考

——科举考试的后续

因为殿试是在狭窄的宫殿中举行，并且只用一天，所以从很早以前就有人指责殿试的成绩名不副实。虽然考试本来就有凭借运气的倾向，但殿试的情况尤其严重。这完全是出于天子的利己之心，如果不亲自做出所有决定，则会心有不安。天子也不会将全权委任给官吏，必须自己来举行考试，这就是一种行使君主独裁权力的表现。与之相比，之前的会试并没有那么多的运气因素。因为会试分为三次举行，然后算出平均成绩，而且每一次考试都需要充足的时间。于是便有了这样的谚语：

> 会元天下才
> 殿元天下福

即使某人的成绩是歪打正着，由于殿试是最后的考试，所以他的名次能够受用终生。

明代以后，第一甲的三人在成绩公布后便被立即授予官职。通常任命第一名的状元为翰林院修撰，第二名的榜眼和第三名的探花为翰林院编修。翰林院虽然被译为学院（academy），但实际上应该称作天子的直属秘书处，所以它是编纂书籍或者起草诏敕的地方，无论修撰还是编修都是在这里供职的书记员。另外他们还负责"跑腿儿"的工作，若是地方上发生了什么事情，就会作为使者被派往当地，因此翰林院也是青年官僚的储备场所。

如果比较殿试和会试，可以说会试的成绩更值得信赖，但既然天子已经亲自举行了殿试，那么就不能重新搬出会试的成绩作为新科进士的任官标准，而对殿试的成绩置之不理。于是清朝从雍正皇帝的时候开始，便在殿试之后又追加了一个考试。这种方式简直就是屋上架屋，不过这样做有可能是为了多少能够纠正殿试的不合理之处。

四月二十八日左右举行相当于殿试覆试的考试，称为朝考。场所是在殿试考场的保和殿，考试的方法也全部以殿试为标准，但这次考试的责任方是翰林院。翰林院被称作储才之地，在这里聚集了有为的人才，他们在一起读书、见习实际政务，每当有需要的时候就被任命为中央政府和地方的要职并负责实际政务，因此可以说翰林院是高级官僚预备队的聚集地。新科进士一旦就任了乡野知县等职，就只能靠本身做官的业绩获得官位的升迁，这是非常困难的。而留在翰林院并伺机获取重要地位的人，则会在官场上一直如鱼得水。因此所有人都希望能够留在翰林院。可是翰林院不可能总是留有数百人的高官候补者，殿试第一甲的三人自然而然地进入其中，但其他人谁能被录取，就全由朝考的成绩决定了。所以朝考可以说是能否留在翰林院的考试，也正因为如此，翰林院的官员才担任负责人举行考试。朝考带有一种从业考试的性质，目的并不在于找出并淘汰掉落第者。

朝考的考题因时代而不同，通常大体上有论、诏、诗、疏四道题。论是论文，诏是天子诏敕的草案，疏是奏文。考生不必将全部考题都一一作答，只需对自己最擅长的题目随心挥毫。但是对于同一道考题，比如作诗数首的行为是被禁止的。这是为了避免审查人员和考生之间预先勾结，通过诗的数量来判断试卷的主人。

试卷的成绩被分为一、二、三等上奏天子，并在五月十日之前公布。列为第一等的人被任命为庶吉士，这是相当于翰林院见习生的官职，还需要继续三年的学习。第二等被任命为中央政府的下级官僚，第三等的人则被任命为地方知县等职。

对于留在翰林院的庶吉士，三年之后还有一场可以称为毕业考试的散馆考试，考试时间在下一次的殿试之前，地点在保和殿。题目是诗和赋，成绩第一等的人直接被任以翰林院正式官职——编修或检讨，第二等和第三等的人需要等待任命，前者会被任命为中央政府的官僚，而后者则是地方知县等职。

但经常有人指出，就连作为翰林院留院考试的朝考中，还是存在着考试审查人员和考生之间串通一气的弊病。这是乾隆年间的事情，成绩公布以后，当重新审查试卷时，有人发现了很多问题，比如考生严本的试卷开头部分包含了"严"字和"本"字，王世维的试卷中使用了"维皇"二字，鲍之钟的试卷中故意使用了"鲍"字右半部的"包"字。而且当时考试审查人员的评判是严本第一名、王世维第二名、鲍之钟第三名，如果结合上述问题来考虑的话，很难说试卷的用字是单纯的偶然情况。看来考试的不端行为已经影响到了作为科举延伸的朝考。

武科举

——科举的别科

按照中国古代政治的原则，文与武如同车子的双轮，可以认为无论忽视哪一边，政治都不能顺利运转。因此科举实际上也分为文科举和武科举两部分，但相比之下无疑是文科举更受到尊重，如果单独说科举，则指的是文科举。本书到目前为止论述的内容准确来说也是文科举的事情，但除此之外还有武科举存在，略称为武科或武举。不过无论是政府还是社会对于武科举的关心程度都极低，对于中试者的礼遇以及中试后的待遇也不太理想。但这项考试毕竟作为制度存在，如果完全无视它的存在，就显得有些不公，同时也难以看清文科举的全貌。

武科举与文科举需要经历完全相同的考试阶段。也就是说首先经过童试三阶段的武县试、武府试、武院试，成为武生员。成为武生员后就获得了参加武乡试的资格，通过了武乡试成为武举人，武举人通过了武会试后成为武贡生，再在武殿试中及第成为武进士。但文科举在考试期间有各种称作覆试的二次考试，而武科举是没有这些覆试的。

希望成为武生员的青少年，也就是所谓的武童生首先要参加由知县举行的武县试。分为三场考试，第一场是练兵场的骑射，在马上向高一米六的人形标靶射三支箭。如果三箭皆中称作双好，为优；射中两箭称作单好，为良；射中一箭称作合式，为佳；以上都是合格，被允许参加接下来的考试。但如果一箭都没射中，或者上演了落马那样的失态行为的话，则不合格，之后的考试也被终止。

第二场在县公署的院子中举行，此处的项目有步射和技勇。步射是发给考生五支箭，让他们射相隔五十步的标靶。如果射中四箭是双好，为优；两箭以上是单好，为良；一箭是合式，为佳，以上都是合格，一箭都没射中的则被认定失去资格。技勇分为开弓、舞刀、掇石三科。开弓是要将强弓拉至满月状的考试，用重量来表示弓力的强度，有一百二十斤、一百斤、八十斤的区别。中国的一斤与日本的一百六十钱一斤几乎完全一致，在重量上相当于六百克。如果能开一百二十斤力的弓为优，一百斤为良，八十斤为佳。

舞刀是操纵长度达三米的青龙刀也就是长刀。首先将刀握在手中，在眼前挥舞，然后转到背后再从前面接住，最后像水车一样挥动。但在此过程中，哪怕一次刀身接触地面，都是不允许的。成绩按照刀的重量决定，一百二十斤为优，一百斤为良，八十斤为佳。

掇石说的是举重，要将三百斤、二百五十斤或者二百斤重的石块举到至少离地一尺的高度，根据其重量判定等级。三百斤为优，二百五十斤为良，二百斤为佳。以上所介绍的第一场和第二场因为都是在户外举行的考试，所以称作外场，由此已经能够确定合格与否了。

最后的第三场考试因为是在县公署的房屋内举行，所以称作内场。这是专业考试，只要求背诵《武经》，然后默写其中指定部分大概一百字的内容。《武经》是战术书，虽然包含有从古至今被称为"武经七书"的七部古代经典，但考试只使用其中的《孙子》《吴子》《司马法》三部。

然而对于通晓武艺的武童生而言，他们并不擅长这样的专业考试，很多人都把袖珍本之类的作弊用具带入考场。据说考官一方也因为考生的合格与否早已由确定，所以一般都假装没看见，不会揭发他们的作弊行为。而且能够通过偷看原书来完成作答已经算是理想的情况，有时甚至会发生极其严重的抄写错误。有些错误令人感到可笑，比如将"一旦"二字压缩写成"亘"，将"丕"字拉长写成"不一"二字。这是完全没有理解意思而照抄所致。但反正都是些志愿成为军人的野蛮人，所以他们的错误不会被当成问题来看待，而且本人也能得到宽恕。

武县试的中试者就可以参加接下来的武府试。考试的方法和县试完全相同，只是评判的标准从这以后逐渐提高。

武府试的中试者就可以参加接下来由学政举行的武院试。当各省的学政巡视管辖内各府并举行岁试时，也会同时举行武院试。这次考试的方式方法与之前完全相同，只是由于中试者的人数有所限制，所以要从成绩优异的考生中选择并确定中试者。中试者被分配给各县的武学，被称为武生员或武生。武生员的资格与文生员相同，只要是武生员，就必须参加三年一度由学政举行的岁试，这和文生员也一样。如果连续三次缺席考试的话，就要丧失作为武生员的地位。武生员中的很多人都会更进一步参加武乡试。

武乡试的举行是在十月初，地点是在各省的首府，这与文乡试举行的年份相同，也就是子、卯、午、酉年。考试的负责人是总督或巡抚，但由于他们是文官，所以作为武官的一位提督或者总兵会被任命为同考官参与考试。

考试科目除了有骑射六矢、步射六矢、开弓、舞刀、掇石之外，还有一个叫作地球的科目。这是要在马上用弓箭射落放置于高处的圆球。此球如果不被射中正中心便不会落下，所以通过这个来考验射击的准确度。但没有单纯因为地球而落第的情况，合格与否要由各科目的总成绩决定。

最后是默写《武经》，这也与能否合格无关，只影响成绩的高低。由于乡试也限制中试者的人数，所以不能一概而论，但据说实际上的合格标准一般是除了骑射五中、步射五中以外，还要能开弓一百二十斤、舞刀一百二十斤、掇石三百斤。

武乡试的中试者被授予武举人的头衔，单凭这个就能够担任下级武官，但很多人都会去参加接下来的武会试。

举行武会试的年份与文会试相同，也就是丑、辰、未、戌年，地点在北京，但月份通常是九月而不是三月。

在九月五、六、七日这三日间举行第一场考试——骑射。由于武术本身的特性，需要每个人单独按顺序完成科目，所以考试需要三天的时间。这不像文会试那样，将全员聚集在一个地方进行考试，武会试的考生不是被关在考场之内的。接下来的八、九、十日考试步射和技勇，通过以上的成绩大体能决定考生合格与否，于十一日公布考试的结果。通常大概的标准是从获得优、良以上成绩的一百人中选取二十二名中试者，再于十四日举行第三场考试。这一场考试在北京的贡院中举行，首先进行开弓也就是弓力的考试，由此验证前面的考试成绩，然后是默写《武经》中的一段话。这也与能否合格无关，但是会把它与之前的考试放在一起，平均算出综合成绩，最后将结果做成中试者名册上奏天子并请求裁决。中试者的人数虽然不固定，但通常是一百人左右。

武殿试在九月的最后一天举行。最初的场地是宫中的太和殿，要在殿内默写《武经》中的一段话。然后是十月三日，在紫光阁举行第二场考试。紫光阁位于西苑之中，西苑与皇宫西面相连，是风光明媚的外苑，这

武殿试。在马上射箭。北京，紫光阁

里的广场从明代开始就应该说是天子的直属练兵场。广场之中矗立的紫光阁称得上是军事博物馆，此处陈列有清朝平定新疆省时的战利品和战争画等物件。考试之际，天子通常会亲自登上紫光阁观览下面广场上的武术活动。但考试科目依然是骑射和步射，并不是一决胜负的御前比武。测试的内容是每人骑射三箭、步射两箭，但即使失败也不会落第。

第二天是技勇的考试，同样在天子眼前测验开弓、舞刀、掇石。这时的成绩即使和会试不一致，也不会马上处以落第，只是作为惩罚，考生需要在三年后重新参加同样的考试。

在同一天，考官根据综合成绩排出名次，制作成中试者名册并上奏天子，在获得其认可后的第二天，于太和殿举行和文进士相同的传胪大典。赐予第一甲的三人武进士及第，第二甲若干人武进士出身，剩下第三甲的全体人员同武进士出身的头衔。

武进士们根据其成绩被任以各种各样的武职，然而无论是在社会上还是军队中武进士并不十分受到重视。战争和政治不同，虽然考试是以优异成绩及第，但不一定就真的有用。文进士也遭受了各种各样的非难，然而在他们之中还是不断涌现出很多的著名政治家和学者，可是武进士中实际立下战功的人却几乎没有。

在军队中最有影响力的人莫过于从士兵开始接受锻炼、通过实战建立功勋的将军了。军队这个地方是一种特别的社会，如果不是从最初开始在那里吃苦，则不会了解士兵的心理，也无法掌握指挥军队进退的要领。在关键时刻，能够成为军队中中流砥柱的人肯定是从士兵中升迁、出身行伍的将军。如果得不到士兵们的信赖，无论什么样的将领都不敢断然发动战争。结果在大家看来，武进士们不过是一群在内地的稳定地区担任将领、在退休之前只为确保平安无事的人，如此一来武进士总也得不到赞扬就是理所当然的事情了。

制　科

——比科举标准更高的考试制度

　　科举制度是自下而上的，需要按照规定的顺序逐一考中无数的考试。虽说越到后面标准越高，但无论是出题的范围还是评分的方式大概都是固定的，所以在某些情况下，拥有非常特殊才能的人反而可能会有被淘汰的危险。而且越是拥有那种特殊才能的人，就越轻蔑像科举这样的考试，他们有可能会拒绝参加科举。这种科举所具有的弱点从很久以前就一直受到反思，所以历代的政府都尝试通过其他与科举平行的考试来录取普通科举考试无法网罗的重要人物。这便是制科，也就是天子下诏不定期举行的考试。

　　制科早在科举伊始的隋代就已经存在，唐宋时代也时有举行。虽说都叫制科，由于其目的的不同，也附有各种各样的名称。比如因为社会上都在拼命谋取官职而变得世风日下，则希望找到并表彰淡泊于尘世名利而隐居的名士，此时就会举行叫作高蹈幽隐科或者山林隐逸科的制科。天子命令官吏推荐隐居山林、像仙人一样生活的隐者，将他们召进宫中进行简单的考试，然后给予优厚的待遇，以此向全国宣传，让大家都来效法这样的人。但如果是真正的隐士，虽说是受到了天子的邀请，但恬不知耻地现身就不大正常了。无论是天子的命令还是大臣的推荐，完全不做理睬地拒绝才是真正的隐士吧。于是世人将这样的制科评论为"走马赴山林隐逸科"。有的人就是终于等到了机会，然后便策马奔赴山林隐逸科，可笑之处就在于制科中只汇集了这样的人。

寻求山林隐逸的制科是奇怪的，除此之外还设有叫作博学鸿词的科目，也就是寻找卓越大学者的制科。这种制科在清朝初期屡次被举行。因为清朝是由清军入关而建立，所以汉人对于清朝的仇恨心理无论如何都挥之不去。特别像成长于明代、已经具备一定程度学识的人，他们在明末清初的战乱时代丧失了参加科举的机会，可天下太平以后，却都已经上了年纪，如今再和年轻人并肩参加科举就显得十分荒唐了。他们并非是对于清朝怀有多么强烈的反感情绪，只是因为错过了最佳的时期，所以很多老年学者只能在乡野之间继续自己的学习。可是对于清朝而言，将这种处于中立立场的老人找出来，让他们站在自己一方，便是统治中国的最有效方法。于是在1678年，清朝入主北京的第三十五年，康熙皇帝举行了最初的博学鸿词科，命令中央和地方的大员向他推荐大学者。推荐现任官吏当然也可以，但其目的还是要找出明代的遗老。哪怕只有一个人，只要是那样的大人物能够出山，就有非常大的宣传效果。

当时清朝在南方发生了吴三桂的叛乱，尽管有战时的混乱，但是响应诏书而被推荐的老年学者还是陆续到北京集合，人数达到了一百四十三人。于是在第二年的三月一日，康熙皇帝命令礼部和翰林院进行考试的准备工作，在宫中的体仁阁赐宴之后，举行了诗、赋题目的考试。然后在这些人中选出一等二十人、二等三十人作为及第者，分别任以翰林院的官职，命他们编纂明代的历史。

当时及第者中的代表人物应该是朱彝尊，比起他的名字，竹垞的雅号更为世人知晓。以往人们都认为学问和文章是难以并存的，但朱竹垞除了在经学方面造诣高深，写下了若干优秀著作之外，他无论是作为文章家还是诗人，在清朝都是屈指可数的名家。朱竹垞生于明末，明亡时他十六岁，可以说青年时代是在战争中度过的。由于家境贫穷，再加上处于战乱不休的时期，最后他错过了参加科举的时间。

如今自己已到五十岁，受到了"征服王朝"天子的特殊邀请，即使响应号召也不必感到内疚了。

但是比他稍微年长的人就不一样了。已然向清朝屈膝并成为学校生员和官吏的人另当别论，对于布衣也就是一介平民来说，被邀请参加博学鸿词科时，肯定会颇为无所适从。因为如果依旧作为明朝遗民，埋没于田野之间了此一生，便可以换来不仕异族王朝的清名而被后世称颂。然而既然形势已经如此安定，那么是否应该响应号召获取适当的社会地位？由此既有利于自己的学习，又为子孙巩固了立身之所。想必大家会因为各种各样的考虑而感到苦恼。

比朱竹垞年长十岁的王船山，以及更加年长的顾炎武、黄宗羲等人在年龄上已经超过了六十岁，而且从一开始他们就持有反对清朝的态度。因此哪怕是受到了推荐，他们应该也不会响应吧。一位叫傅山的七十多岁老学者受到地方官强行推荐，多次推辞而不许。在没有办法的情况下他就让自己的儿子当车夫，坐上骡马拉的车，来到了北京城的入口处，但在破庙留宿后便称病，无论如何都不动身。朝廷的高官们听说后，就苦口婆心地劝说，但他始终以疾病的理由推辞，最后天子终于允许他返乡。

可是据说这次考试后来由于考官的无知而导致审查不公，事后出现了各种各样不好的传闻。于是康熙皇帝下令从这次被淘汰的人中选取成绩显著的数人授予官职，其中就包括叫孙枝蔚的老学者。负责人事的吏部官员将这些人请来举行面试，却看到了孙枝蔚的满头白发，便说您的年纪有点太大了吧。孙枝蔚也大动肝火地说：

"这次考试我从一开始就说过自己已经年纪太大，所以坚决推辞，可是当时的官吏却说我还年轻，把我强行带来。现在我还是说因为上了年纪所以无论如何不能做官，而您也说我年龄太大了。事实确实如此。"

说完后大家哄堂大笑，便如其所愿，允许他回家了。无论在哪里，官吏们的做法好像往往都是如此。

康熙皇帝之后的雍正皇帝也在他统治的末年下达了举行博学鸿词科的命令，考试在其子乾隆皇帝的统治初年得以实施。这次一百七十六人的参加者中及第者只有一等五人、二等十人。制科之所以被如此缩小规模，这是制科出身和科举出身官僚在暗中较量的结果。科举出身的进士可能会说："我们这些人是在长时间连续的考试中胜出，好不容易才获得了进士的桂冠，可制科出身的人却只是通过了一次无需准备的考试，就夺取了超过我们的荣誉，这实在是令人无法理解。"事实上，在康熙皇帝的时候，制科出身的翰林官们就受到过科举出身的翰林官们如同小姑欺负媳妇一样的对待，结果一个个都离职了，据说最后只有朱竹垞一人没有屈服，保住了制科出身的颜面。而且由于制科的考试审查人员是翰林院的官员，他们在乾隆时代故意严格打分，使及第者的人数减少。

乾隆时代以后，制科不知不觉间开始衰微，独尊科举一途，而随着时代的变迁，实际的记忆也变得稀薄，科举失意的学者们会回顾康熙、乾隆时代，谈论那个时代文化昌盛，尤其是朝廷优待学者，举办制科那样的考试，大力将人才网罗进朝廷。这种为寄托自己的梦想而讴歌康熙、乾隆时代的人越来越多。由此，受当时的舆论影响，清朝也有复活制科的动作，但每次可能都是由于科举出身者方面施加压力，最终制科没能得以实施。

对于科举的评价

科举是否发挥了作用

科举是长期的连续考试，政府为此也需要花费不少的费用，考生则必须忍受更多精神上和身体上的痛苦，所以这才是呕心沥血的艰苦修行。既然付出了这么多的牺牲，如果没有与之相当的成效，那么就不划算了。个人的得失暂且不论，从社会角度来看，究竟科举对于中国发挥了多大的效能？但我们不能通过只掌握某段时期的现象来讨论这个问题，而是必须从漫长的历史中对其重新审视，并且站在公平的立场进行讨论。

回到一千四百年前的隋代，当初举行科举的目的在于打击前朝世袭性的贵族政治，从而确立天子的独裁权力。在这之前的所谓六朝时期（3—5 世纪）是贵族势力的黄金时代，社会上特权贵族横行，他们垄断了中央和地方的官位。这种贵族政治在某些方面与日本的藤原时代类似，而在另一些方面又和日本的封建时代很像。不过日本的藤原时代是藤原氏一族独自占据着上层官位，但中国的六朝则有无数的贵族存在于世间，他们大体分为四个等级，保持着各自的礼法。同时，在封建制度下，如果父亲死去，儿子就会继承父亲的地位。但六朝的贵族并非如此，只是根据门第确定了贵族子弟初次任职时的地位和最终能够升迁的上限，儿子不能立刻继承父亲死时的地位。从这些方面来看，两者是不同的。

但如果一直是这样的状态，天子的官吏任命权就越来越小，不能根据才能自由擢用人才。若天子打破以往的惯例进行人事安排，就会遭受贵族出身官僚群体的猛烈还击。因此隋朝的第一代君主文帝在平定了内乱之后，利用高涨的权势，将以往贵族拥有的特权，也就是生来就可以做官的权利无情废除。他树立了新的制度取而代之，通过举行考试，规定只有及第者才有资格成为官吏，从而把大量的官僚预备队储备在身边，按需补充中央和地方官吏的空缺。这就是中国科举的起源。

虽然隋朝不久后灭亡并被唐朝取代，但唐王朝大体上依然承袭了这一政策。只是由于唐朝是通过平定大乱而取得天下的，所以建国初期的功臣成了新贵族并留存下来，他们希望将特权式地位原封不动地传给子孙。对此，天子尽量把通过科举擢用的进士们置于自己麾下，想让这些人占据要职，以便能够随心所欲地行政。于是贵族群体和进士群体之间就产生了倾轧，但形势逐渐向有利于进士派的方向发展。即使是贵族的子弟，单纯因为父辈的缘故得到官位的人是既不会被政府也不会被社会所尊敬的，贵族如果想要出人头地的话，也必须走科举之门。这明显是贵族派的败北。

唐中期玄宗统治的时候，成为宰相的三十一人中，进士十一人，只占大约三分之一。但到了宪宗时，二十五名宰相中有十五人是进士，比例逆转为大约五分之三。这样的形势形成以后，以往夸耀门第的贵族再也不能安闲地无所事事了。只有马上做出改变的贵族才能够长期延续，范阳之地的卢氏家族就是很好地适应了这种世道变化的例子。由于他们已经拥有了所谓贵族的基础，如果为科举而努力，便可以抓住很多的有利机会。因此虽说卢氏家族到唐末为止出过一百六十名进士，不过这种家族只是孤例。而且正因为他们是贵族，才能取得如此成就。

　　与之相反，有些超然者对科举不屑一顾，他们始终保持着贵族的自尊，认为科举是平民之流做的事情，但不久后令这些人不得不后悔的时代到来了。贵族出身的名士薛元超就在晚年痛切地述说自己有三个无法挽回的失败，都非常痛心疾首。据他所述，第一个是未参加科举，所以没有成为进士；第二个是迎娶身份低微家族的人做妻子；第三个是没能够成为朝廷文化事业的总裁。不过，如果将后两个失败与第一个相比的话，恐怕都是微不足道的挫折。

　　然而说实话，大臣、大将以及其他高官的孩子凭借父亲的威望，原本就具备担任某种低级官职的权利，所以他们不用特意参加科举。科举是为了那种没有门路、出身下层阶级的人开设的，贵族子弟硬是参与进去的话，就好像有钱人家的学生去努力打零工，反而侵蚀了穷人的工作领域。这种想法到了宋代都一直存在，而且也确实有人实际执行。但一般来说，从唐代开始，对于贵族和平民以相同立场参加科举的行为便被认为是美德。大家都在强调科举所具有的优点，也就是平等和公平。

　　这样的趋势正是天子最为期待的。唐代的天子从最初开始就布置下了一张叫作官僚制度的大网，作为贵族政治的编外，以此让平民出身的官僚陆陆续续地陷入大网之中，而受到了同样诱惑的贵族们这一回也来自投罗网了。对于天子而言，这样的结果正中其下怀，他们的耐心等待终于没有白费。唐王朝最早想出要布下这张网的人是创业之君——太宗。太宗在科举之后，当看到了新科进士们意气风发地列队从官府走出的景象时，据传他大声说道：

　　　　天下英雄入吾彀中矣

　　然而实际上花费了唐朝一朝三百年的时间，才把那些自视甚高的贵族们几乎全部收入了彀中。

　　唐代可以被看作一个过渡期，它正在从延续自六朝的贵族政治转型到新的官僚政治。从贵族政治向官僚政治的转变不管怎么说都是社会的巨大进步，而科举对于这个社会性进步做出了重大贡献。只要从这样的立场来看，科举的历史性意义不得不说是非常重大的。并且它是一千四百多年前的东西，当时的欧洲刚刚勉强建立起了封建骑士制度。若是与之相比，则可以说科举是犹如不同维度般的进步制度，在当时的世界上，它的理念无与伦比。

　　但是我们能够看到唐代的科举中还存在着许多的缺陷。首先第一点就是录取人数非常之少。这是当时中国的文化普及范围极其狭小所引发的必然结果。由于印刷术尚未实用化，人们必须用手来抄写书籍，所以书籍非常稀少而且价格高昂，所以能够从事学问的人极其有限。

　　当时的官僚政治刚刚建立不久，无论是历史还是经验都还不足，因此未必能够顺利运转。有时在官僚之间会展开激烈的派系斗争也就是党争，而有人指出事实上斗争的原因正是由于科举，这便是科举的第二点缺陷。如前文所述，在科举的世界中，考试时的考官被中试者称为座主，而中试者自称门生，两者结成义父和义子的关系，另外同一期的中试者还彼此唤作同年，大家努力帮助对方。但这些结合太过紧密，派系由此产生。此时因为担任考官的人轻而易举就能够获得很多义子，所以他们也会争夺这一职位。于是以考官为核心诞生出了无数的小派系，但如果有进士以外、完全不同立场的势力出现，进士们又将大力团结在一起与之对抗。事实上这种党派斗争出现以后，反复争夺政权的事情持续了四十年之久。如果进士党执掌天下，非进士党就全部被驱逐出中央，如果非进士党取得了天下，这次不得不离开中央的人就轮到所有进士党了。这样的事情重复发生多次，无论是内政还是外交，胜者每次都把之前的方针彻底反转，结果是中央政府的威严受到了损害。当时的天子文宗不禁感叹道："讨伐外部的贼寇无需多虑，但清除朝廷内的派系真的很难啊。"

宋代以后犹如面目一新，上述两点弊病全都得到了改良。首先，到了宋代，科举及第者的人数骤然增加，同时这也说明参加科举的人变多了。中国社会在从唐代向宋代过渡的过程中，完成了飞跃性的发展，完全抛弃了旧有形态，然而它的本质终究是生产力的升级以及由此带来的财富积累。如同欧洲近世初期的资产阶级（bourgeoisie），从宋代开始，那样的阶层在中国就已经形成了。

随着这种新兴富民阶级的争相立志于学，以他们为顾客的出版业变得大为兴盛。佛教和儒家的经典当然是出版的对象，而时人的文集、语录、时事评论文章也都得到了出版，政府还将政府公报印刷发放，可以说当时已经进入了大众传播（mass communication）的时代。结果是知识的普及范围更加广阔，参加科举的考生几乎从全国各地聚集而来。政府能够自由地从这些考生中选拔优秀之人并组建官僚预备队。宋代建立起了三年一次举行科举考试的制度，一次大概录取三百名进士，平均估算下来，一年会出现一百名拥有担任高级官员资格的人。因此朝廷的重要职位大都被进士所占据，不会再像唐代那样发生进士与非进士之间的异己者对抗了。

其次，宋代科举相较于唐代有所改良的方面，可以举出殿试成立这一点。在唐代，科举各阶段的考试全部被委托给官府。不过，因为考试是按照天子命令实施，所以并没有被天子所轻视。比如则天武后那样的女性天子，为了收买人心，也有亲自举行考试的情况。但是从当时的舆论来看，对此的评价非常不好，被说成是抢夺了官吏的职务。但实际问题是，如果将考试委托给官吏，无论如何考官都会与当时的中试者之间建立起义父和义子的紧密结合，危害政治公正的弊病很容易产生。于是宋朝的第一代天子太祖在以往被委托给礼部（相当于日本文部省）的贡举后面，又添加了由天子亲自举行的殿试。而且对于今后各官府举行的考试，考生都不得称考官为座主并自称门生，天子才是所有进士的座主，所有进士都是天子的门生，只有天子和进士之间才能建立义父、义子的关系，其他考官如果做义父，那便是侵害天子特权的恶行。换言之，天子如今已经成了由进士出身者所组成的大型政党党首。当然也并不是说派系的弊病就完全绝迹了，比如每当考试以后，考官与当时的中试者之间可能还会建立起师父与徒弟，或者座主与门生的关系，并形成派系。但这只不过是大家庭中的小派别，它们具有的凝聚力也微不足道，对于这种凝聚力，只要天子管控得当，就可以无视它的存在。

在从唐向宋的过渡期间，天子在政府机构中所占据的位置也发生了重大变化。天子已然不是隐居深宫、与二三大臣讨论最高政治方针这种游离于实际政务之外的存在，如今他成了独裁者，将重要官署全部置于直接控制之下，对行政的方方面面都做出指示。就连微不足道的人事细节，如果没有天子的批准，便无法付诸实施。就像扇子的枢轴，天子可以说是占据了中枢的位置，若是没有天子，中央政府的各个官署就会分崩离析。科举在最后的殿试时，被纳入了天子的直接权力之下，而这实际上也是与上述其他行政机构的职能变化平行发生的，可以说这是天子独裁权得到强化的大趋势所导致的必然结果。

科举是伴随上述中国社会的发展，由于其必然性的要求而产生的，然后科举本身也随着这种要求一路发展而来。同样是在这一时期前后，科举发挥出了它最大限度的效能。先是唐代的天子为了抑制贵族势力，如今宋代初年的天子又为了确立独裁体制，所以都非常迫切地需要进士出身的青年政治家的协助。因此据说在宋初，进士出身者的官位升迁非常迅速，特别是殿试第一名的状元，不到十年就登上相位的人不在少数。

但是，历史上出现的任何制度都是有成败兴衰的，这和个人的一生没有区别。最开始的时候，政府中缺额很多，但能够任职的人员却不够。于是天子积极举行科举，大批录取进士，可是不久以后进士的人数变得过多，应当分派的职务却越来越少。事到如今，如果不减少进士中试者的人数，还是按照以往的习惯来录取进士的话，进士就会越来越难于就职，科举对于政府来说反而成了沉重的负担。

这样一来，政府一方也不得不对科举制度加以重新考虑。当时正好处在北宋中叶的神宗时代，也就是王安石成为宰相的前后。王安石认为对于任用官吏，单单通过举行考试是不够的，还需要培养更为优秀的人才，为此必须从根本上重新开展教育活动，所以他着手建设新的学校，这在当时而言是非常先进的想法。当此时期，京城建立起了宏伟的国立大学，有公共宿舍八十间，每间收容学生三十名，合计收容二千四百名，学生们在此完成学业，这样的事实十分令人惊叹。

即使北宋灭亡以后，这种学校制度也几乎原封不动地被南宋所继承，学校的毕业生能够和科举出身者以相同资格步入宦途。在王安石的想法中，他似乎希望最终能够废除科举，只从太学的毕业生中选拔官吏。虽然这个理想没能实现，但在科举制度之外平行地实行学校制度这件事说明了宋代社会的先进性。

如上所述，虽然专门制定了学校制度，但学校制度并没有能够超过科举制度并完全取而代之，不管怎么说这都是由于经济上的问题。教育原本就是耗费金钱的事业。到了南宋，太学在规模上相比北宋一直在缩小。政府往往不希望给教育这种不能立竿见影的事业投入资金。

之后，随着时代的发展，中国历史上的教育反而一直在退步。明清时期，中央有太学，地方有府学、县学，但都徒有其名，并不进行实际的教育活动。学校制度反而被纳入了科举制度之中，实际情况是学校试被用来当作科举的预备考试。所以可以说学校在事实上消亡，选用官吏的途径返回到了只有科举的状态。科举虽然也不是不需要金钱，但与学校教育相比，还是要廉价得多。这种极其得过且过（easygoing）的政治把在北宋时期好不容易萌芽的学校教育制度搞垮了。

　　然而即使在明清时期，科举制度也发挥了相应的功效，这都是在两朝的开国初期。明朝和清朝，一个是汉人的王朝，另一个是满人的王朝，但是在靠武力取得天下这一点上却别无二致。但在获取天下之时，就不能只用武力来统治天下，因此势必要借助文官之手。在这种时候，朝廷对人才的寻找就变得非常迫切，科举中也把形式置之度外，实质性地录用人才，故而在以优异成绩科举及第的人中走出了出色的政治家。以清朝而言，大概到乾隆时代为止都可以说是科举的黄金时代吧。

　　但是到了之后的时代，由于朝廷拥有着取之不尽的官僚预备队，实际上已经不需要新人了，只不过是在按照以往的惯例举行科举。以这种立场施行科举的话，来应考的举子就都成了猎取官职的人群，如同是聚集在砂糖上的蚂蚁一般。事实上，考生一方也因为长久的太平而普遍提升了学问，成绩难分伯仲，所以考官一方难于取舍。于是在考试方看来，比起如何选拔人才，反而越发需要考虑如何淘汰多数人的方法，便想出了各种各样繁琐的形式，最终抹杀了科举的真正精神。清朝末年的状况最为严重，这是因为科举的制度已然落后于时代，而且朝廷只是谋求通过单纯的技术性改良来解决官场的颓废风气。所以在讨论科举制度得失的时候，只观察某一时代并得出结论的做法是有失公正的。从长期的历史来看，不管怎么说都必须承认在某些时期科举是对中国社会做出了巨大贡献的。

科举的理想与现实

　　科举自古以来虽然遭受到了从各种各样不同立场出发的许多批评和非难，地位受到了强烈质疑，但是科举连绵不断地实施了一千三百多年，还是证明其有某些可取之处。因此笔者现在来试着思考理想中的科举制度存在着什么样的优点。

第一，科举是任何人都可以参加的开放性制度，可以说这是它的特色。但也有若干例外的限制，比如祖父、父亲、本人这三代不能是从事特定低贱职业的人。然而由于这是极其特殊的情况，并且其本身也有相应的理由，如果将这一点暂且排除的话，不问士、农、工、商，任何人都是可以参加的，所以不得不说这是非常民主的优秀制度。

但如果从实际应考方的立场来说的话，就不见得众人都能够行使平等的权利来参加科举，因为这里面存在着经济上的问题。科举是长时间连续考试的累积，竞争也非常激烈，所以二十岁出头就取得进士桂冠的人是非常幸运的一方，即使是三十几岁才中试也不算迟缓。那么在此期间，为了继续不断地学习，就需要拥有相应的经济后盾，穷人是无论如何也没有这种富余的。另外，各次考试虽然都不征收考试费，但其附带的开销是很大的。特别是住在乡下的人，为了参加乡试，除了往返一省首府的旅费和住宿费之外，给考官的谢礼、负责人员的小费以及宴会费和交际费都必不可少。再之后如果为了参加会试、殿试去京城的话，费用就越发地增多。明代后半期的 16 世纪，据说这笔费用大约是白银六百两，若是用当时的一两白银购买大米的话，换算成如今的日本货币大约需要一万日元，所以六百两就相当于六百万日元的数额。现在如果有这些钱的话，一对夫妇就可以轻松地环游世界了。实际上当时从中国的腹地去北京也确实是如同今天环游世界程度的大旅行，这笔开销不是过于贫穷之人所能够承受的。即使科举考试是免费的，但普通人根本拿不出这"少许"的旅费，所以对他们而言参加科举就如同是高山上的花朵那样遥不可及。

可是有人对此还提出了不同的看法。因为本来世间从刚开始就是建立在不公平之上的，所以不应该只责怪科举。即使是在认同教育机会均等的今天，不光是日本，包括世界各国，国民都不可能在不丢下一人的情况下平等地接受教育。而且由于教育直接与就业挂钩，因此便不能只是责难科举考试耗费金钱。

这终归还是程度的问题，如果用现在的眼光公平来看的话，便可以认为参加科举是过于耗费金钱的事情。首先，准备考试而进行的学习全部由考生自己负担。政府一向都对学校设施漠不关心，哪怕这些设施是为了繁荣教育。当然如果从另一方面来看，也可以说因为民间财力增长，所以不再需要政府出力，民间在某种程度上积累起了负担教育费用的富余。

如前文所述，宋代以后，中国的生产力急剧提升，新兴的富人阶级在各地蓬勃发展。政府举行的科举实际上也是以这种阶级为对象的。所以无论是教育还是考试的费用，全部都被交给考生自己承担，政府只要管理考试事务就足够了。

这样来看的话，所谓科举向所有人敞开大门的招牌就是夸大其词。确实如此，与现在相比，如果不做批评便有失公允了。但毕竟在时间上这是距今一千年前的制度，当时欧洲还处于封建制度尚未得势的时期。不问门第和血统，任何人只要有能力都能参加考试，单就这种精神而言，便可以说这是在当时世界无与伦比的进步制度吧。然而中国在宋代之后，直到距今很近的时期为止，虽然富人和穷人之间的差距不断拉开，但社会结构的本质都没有发生多大的改变，长期得以延续，而科举制度也几乎继承了宋代的原有形态。与欧洲社会相比，即使在最初非常先进的制度，可是到了后来却完全变成了落后于时代的制度。

科举的第二个优点便在于它的公平性。其中的一个例子就是审查试卷时看不到姓名，只有座位号。并且在乡试、会试中，审查人员无法接触到试卷的原件，他们只能通过抄本进行打分，这种方法在现今的世界中也找不到能够与之比肩的。而社会之所以对科举寄予期望、尊敬中试者，也是因为大家相信科举的公平性。

然而这里面也存在着局限，经常发生考生以及当事人自身亲手破坏公正的事情。一般如果考试的竞争变得异常激烈的话，因为考生一心想要考中，所以最终希望依赖于更容易实现的不正当手段。而且不正当手段成功的话，不采用这种手段的人会觉得吃亏，逐渐不正当手段便蔓延开来。将袖珍本带入考场的事情自不必说，更严重的是在入场前就把"四书""五经"的原文写在了绸布内衣的一面上。不是背心，而是作弊用的衣服，这恰巧可以当作一个冷笑话来说[①]。更为严重的是替考，达成交易的条件是考取优等，他们在事后会得到巨额的报酬。于是便出现了能写出优秀试卷的选手，他们可以承包数人的试卷。到了清朝末年，也就是19世纪后半期，这种弊病越发严重，其中南京的乡试尤为盛行，闻名全国的代理商十分繁荣。这种风气最终传染到了北京，据说有一个姓刘的人在会试时除了自己的试卷，还写了另外两个人的试卷，而且不单是所有人都中试，其中一人竟考取了第一名会元。这样的流言在后来也传到了殿试审查人员的耳中，审查人员们都留意于此，不给这些人好的成绩，还将他们全部降到了三甲。而刘某也受到了很严重的处罚，因为他字迹优美，原本是可以成为翰林院官的，却故意被降格，作为政府的小吏任用。

考生的不端行为不只限于自身，如果他们能够笼络考官，就又增加了中试的确定性，这种考生和考官合谋的情况称为关节。中国的官僚制存在着弱点，就是要给彼此面子。所以受到请求时不能拒绝，成为考官后则会遇到各种各样的走后门行为，自己不知不觉间就掉到了陷阱之中。

但对于这样的不端行为，舆论是非常敏感的。世人都睁大双眼注

---

① 日语中背心（ランニングシャツ）和作弊用的衣服（カンニングシャツ）只是第一个字不同，原作者借此调侃。

视着中试者名单的公布，所以如果在中试者中有太多身居要职的高官子弟和考官的熟人，就立刻会成为话题而引发舆论的沸腾。中国自古以来都是舆论之国，不端行为太甚的时候就会受到舆论的制裁，当事人将被毫不客气地打倒在地，无法翻身。

1699 年，北京乡试的正考官是一个叫姜宸英的老年人，副考官叫李蟠同 [1]，当时风传贿赂盛行。等看到了公布中试者名单后，大家发现果然身居要职的高官子弟比比皆是。相当于日本内阁总理大臣级别官员的子弟有四五人，国务大臣级别官员的子弟有数十人，而且成绩都是优等。因此舆论大哗，谴责审查人员不公，在大街上还张贴着攻击这件事的揭帖。最终这件事传到了天子康熙皇帝的耳中，他将考官们逮捕下狱并亲自调查实情。正考官姜宸英是在两年前刚刚成为进士，据说当时实际年龄已经七十多岁了，由于他是骨瘦如柴的老人，不堪忍受牢狱生活，便因营养不良死去了。于是案情的真相不了了之，但从揭帖上记载的罪状来看，写有审查人员从某人那里收取三千两、从某人那里收取一万两等内容，似乎未必都是无稽之谈。而副考官的审判结果则是被处以流放边疆之刑。

这样的事件发生后，在之后的短暂时间里，考场会被整肃一新，但由于长期历史发展而变得陈腐不堪的科举制度不出十年总会恢复成原状。因此政府千方百计地考量，希望通过在考试之上叠加新的考试来约束不端行为。如同屋上架屋，二次考试制度便这样建立起来，随着时代的发展，考试的次数越来越多，而考试地狱的残酷性也相应增加。

似乎对于考试这件事而言，它的作用存在着一定的局限性。竞争变得太过激烈的话，就无法严密地划分出试卷的好坏差别了，即使中试也是侥幸，落榜则成了运气不好，于是不正当手段便有机可乘了。

---

① 此处人名应为"李蟠"。

但是，如果没有其他适宜的方法，那就只好尽可能公正地实施科举，为此付诸努力并坚守下去。在中国历代的政府中，至少天子本人是始终希望守护考试公正的。而世人虽然有各种责难，对科举还是表现出了极大的关心，并将其作为社交界的第一话题，原因无外是对于天子的公正态度寄托了一缕期待。

落第者的悲哀与反抗

在旧中国，成为官吏是最光荣的事情，同时官吏这种职业也是最有利可图的。因此资产阶级知识分子的子弟都争先恐后地涌入科举的狭窄之门。其中，那些出色地摘取了最后桂冠之人，他们的欢喜可想而知，但另一面科举也产生出了大批的落第者，必然的结果是，他们饱尝屡试不中的痛苦，在失意中每天怏怏不乐，抱怨灰暗人生的不幸。

在唐代，学问尚未过多地向民间普及，参加科举者的人数也没有后世那样多，但即使如此，最后进士考试的及第者也只是百人取一两人。进入宋代以后，科举报名者的人数骤然增多，为了参加三年一次的贡举，从地方上京的待考者经常能达到六七千人，而到了贡举期间，人数又会立刻增加至原来的两倍。可是这里面只有三百人左右能够及第，合格率大约是五十人取一人。

明清时期随着时代发展，竞争越发激烈。最初阶段是为了成为学校生员而参加的入学考试，由于地区不同，难易程度也完全不同，所以可以暂且排除掉这一阶段的竞争。从生员成为举人的乡试大概是百人取一人的比例，这是最大的难关。接下来的会试虽然在人数上是三十人取一人，但因为参加者在之前已然经历了充分选拔，所以这些人彼此之间实质上存在着最为激烈的竞争。最后在全国的生员当中，如果单单计算实际参加考试的人，大约三千人中也只有一人能够幸运地获得进士的地位。

不过有志于学问的人大抵上都是某种程度上的富人。另外生员以及更上面的举人，同普通民众相比，他们的地位都是高不可及的，有些人还会寻找相应的副业。然而这些人中间也有一些醉心科举的热诚之人，他们为了完成学业，必须极尽东挪西凑，并怀着悲壮的决心去背水一战。也许对于他们来说，科举失败的沉重打击是用笔墨言词都无法表达的吧。唐代的诗人为了写出这种落第的悲哀而吟道：

> 弃置又弃置
> 情如刀刃伤

外出时无论是看到了随风摇动的草木，还是空中飘荡的断云，都会引发自己的伤感之情。回到住处以后，即使躺在床上也无法安睡，一晚要醒来九次。故乡从未在梦中出现，可能是因为梦境太短而回故乡的路程又太远吧，诗人的忧愁就这样连绵不绝。

有的人即使沮丧却没有丢掉再展宏图的志向，依然谋划着卷土重来。还有的人认识到了自己的无能和不幸，就此决定放弃。以上这两种人的结局都还算可以。但也有不少人既有才华又怀着野心，他们因为背运而吃尽苦头，从失望到自暴自弃，再从自暴自弃到反抗，最终走上了这条道路。特别是在王朝的末期、社会陷入混乱之时，他们觉得时机已到，于是参加叛军，希望成为领导者并打击现政权，从而一雪积聚已久的怨恨。在一个王朝灭亡的背后，往往能够看到这种知识分子阶层中的不满分子进行阴谋活动的痕迹。历史上显著的例子数不胜数，大家可以先看一看下面这些人的事迹。

黄巢　在唐末世道开始混乱之时，他作为首领引发了大规模动乱、几乎动摇了唐王朝的根基。他出生在山东省西部的一个富裕家庭，钻研学问并参加科举，但由于屡屡落第，所以放弃了成为官吏的念头，组织起了秘密结社，从事当时作为专卖品的食盐走私贸易，看到世道混乱后，便举兵叛乱。他的足迹遍布全国，先是从南方的广东开始，又破坏到中部的长江流域，进而攻陷国都长安并对王公大臣以下进行了大屠杀，之后自己登上帝位。但等到唐朝的军队重整旗鼓开始反击以后，百姓都背叛了他，同伴间的团结也破裂了，很多部下都投降了唐朝，他自己和妻子一族全部被杀，叛乱就此被平定。

李振　黄巢的部下朱全忠背叛了黄巢，向唐朝投降，因平定了叛乱而建功，从而掌握了唐朝朝廷的权力。帮助这位朱全忠出谋划策的便是一个叫李振的科举落第者。他对朝廷的高官、贵族以及科举出身的贵族有刻骨仇恨，杀害三十人并把他们的尸体扔进了黄河，他们都是在开始倾覆的唐朝朝廷中担任要职的人。不久朱全忠夺取了唐朝的天下，他被称为梁王朝的太祖，李振成了他的国务大臣，一时威权赫奕。后来梁朝被后唐所灭，李振全家遭受灭门。

张元　北宋中期，西北边境的党项族独立并创建了西夏国，然后便开始侵犯中国，宋朝常常为此感到困扰。当时帮助西夏建立中国式朝廷，引进中国文化，同时却与中国为敌，让宋朝大为苦恼的人就是这个叫作张元的读书人，一个科举失意者。

牛金星　明末在陕西地区发动叛乱的首领是李自成，后来他攻陷北京，并迫使明朝的末代天子、崇祯皇帝自杀。当时担任李自成的军师并在参谋中很活跃的有两个举人，其中的一人是牛金星。他对明王朝怀恨在心，到处搜寻王族和高官，然后将他们残杀。另一个举人叫李岩，本是明朝大臣之子，但他劝说李自成如果想要取得天下，最重要的就是杜绝无益的杀戮，以及收揽人心。尽管李自成好不容易占领北京、灭亡明朝，却只是长于战争，而未使百姓折服，最终败给了清朝的军队并落得了身死的下场，这都是由于过分信任牛金星。值得注意的是此二人的身份都是举人，因为到最后没能成为进士，才使得他们投奔了李自成的阵营。

洪秀全　清朝末年，太平天国的军队崛起于广西省的深山之中，随后进入长江流域，攻取南京并建都，最后逼近到北京附近的天津，震撼了清朝，而其首领洪秀全是广东省的书生，想要考取生员，院试却屡试不中。洪秀全创立了拜上帝教，率领党徒发起了叛乱，由此中国的内地十八省中有十六省都蒙受其祸。清朝依靠外国的援助，好不容易才平定了这个内乱，而清朝在这个时候彻底威望扫地，也可以说清朝事实上亡于此时。

综上所述，我们了解到科举不只能够生产为王朝尽忠的官僚，同时它的作用也在于创造了对当时王朝不满之人。大概所有的事情，如果有利，在其另一面就会产生害处，即使是科举也不例外。当然不平者只是心怀不平的话，王朝也不会灭亡。一个王朝的灭亡是政治上的重大事件，其中的复杂情况彼此交织着，所以不能立刻判断这就是科举的结果。证据就是，新王朝建立以后都致力于马上复兴几乎和前朝一样的科举制度。就连由落第生员中的不平者所领导的太平天国，也实施过几次独特的科举，这样的事实最为雄辩性地说明了科举对于当时统治者而言是最有利的制度。

科举制度的崩溃

科举最大的特色就在于它作为官吏录用考试而省去了教育的环节。历代的王朝都把耗费金钱的教育全部移交给了民间，然后只通过举行考试便能够让那些在民间受到自然培养的有为之人为政府效劳。这是极其自私的做法，但对于考试精神却不容提出异议，而且考试制度本身经过了长时间的考验，其外在形象在世界范围内都无与伦比。

为了录用官吏而举行考试，在欧洲等地是直到很晚的时候才被想到的事情。欧洲的封建习俗根深蒂固，根据门第录用官吏，或者实行更加原始的卖官制度，通过竞标来确定官吏的地位，这样的情况长期持续。在民主主义最为进步的英国，实现利用考试来任用官吏是1870年以后的事情，美国更晚，要等到1883年。之后各国都仿效它们，但实际上最有力的见解是这样的官吏录用考试制度在最开始受到了中国科举的影响。

然而另一方面，无法提出异议的是中国的教育制度相比于此时的欧美明显落后了。中国的教育制度是以大概一千年前的宋代为顶点，之后逐渐变成走下坡路，只能一路走向衰退。到了明清时期，虽然在中央设有太学，在地方的府县也有国立学校，但都有名无实，没有举行任何实质性的教育。因为实际状态是将教育委托给了民间，所以教育逐渐落后于时代，从社会的进步中掉队了。

让这种民间教育一直得以延续的原因是科举的存在，但即使在中国，也早有人指出科举在真正选拔有用人才方面是不足的。经学的死记硬背以及诗词文章究竟对于实际政治能起到多大的作用？这不过就是考察古典素养。官吏最重要的是才学和品行，而自古以来的科举反对论认为这些正是科举所无法网罗的。

那么又该怎么办才好呢？可是一到这个时候，大家却找不到其他妥善的办法。科举从很早以前就开始了，科举的及第者中也出现了很多优秀的人物，所以"这样不是很好吗"的常识性现状维持论便取得了胜利。而中国作为在东亚的唯一一强国威风八面之时，科举也不会成为问题。

但是欧洲产生工业革命以后，它的新文化所造成的压力波及遥远的东亚，大家从此便不能再安闲地得过且过了。为了应对新的世界形势，就需要掌握新的知识和新的技术。而在东亚各国中，日本立刻看清并顺应了这样的形势，最后取得了成功。维新政府在1872年颁布了学制，陆续建立起学校，并效法欧美开始了新式教育。之后日本的快速发展极大程度上是得益于这种新的教育制度。

中国也由于屡屡败于欧洲诸国，从失败的经验中比日本更多地感受到了掌握新技术的必要性。中国于 1866 年就已经在福建创建船政学堂，开始培养海员。之后在各地也创建各种各样的学堂，而举行这种新式教育的地方之所以称为"学堂"，是为了与原有的旧式"学校"相区别。可是从时间的推移来看，新式教育完全没有得到发展。这是因为同时还存在着科举制度，它反而妨碍了新式教育的普及。

终于到了 1901 年，由于前一年的义和团事件而饱受折磨的清朝总算自我觉醒，颁布了全国性的新教育制度，但是为了守护并发展新的制度，清朝却得出了必须全盘废除科举制度的结论。因此这受到了很多作为科举出身者的旧派政治家的强烈反对。但毕竟还是大势所趋，终于受到改革派的意见所推动，以 1904 年 5 月的科举为最后一次，这项拥有一千三百余年历史的制度被永久地拉上了帷幕。

那么从最终科举被废除来看，到目前为止以科举为目标的考试学习几乎失去了任何用处。尽管如此，到当时为止那些早已成了举人或者至少是生员的人，由于获得了相应的社会地位，所以他们的处境还算不错。但还有一些连最低级的生员都没有考取、依然处在学习期的老童生。因为他们头脑已经僵化，即使想另做新的学问，也无法轻易地转换方向了。因为自视甚高，他们不愿意去做买卖人，又由于筋骨薄弱，也不适合当体力劳动者。另一方面，因为社会越发改变，过去的修养和学问最终跟不上时代，他们反而成了世人嘲笑的对象。这样的落伍者只能是苟且于世吧，鲁迅的笔便以其中的一个人为主题，不光是将悲惨的科举牺牲者，还有科举给中国社会留下的创痕都生动地描写出来。这就是以《孔乙己》为题的一篇文章，发表于科举制度废除后的第十五个年头。"孔乙己"在本书第七页出现过，这三个字是幼童仿字本第二行的文字。孔乙己自然说的是孔子，在这里成了一个贫穷书生的绰号。

绍兴鲁镇有一家咸亨酒店，酒店中挤满了穿短衣和长衫的客人。

短衣的客人是体力劳动者，都站在柜台外面，一边唠唠叨叨一边喝酒。长衫的客人是上宾，要坐到雅座，"孔乙己是站着喝酒而穿长衫的唯一的人。他身材很高大；青白脸色，皱纹间时常夹些伤痕；一部乱蓬蓬的花白的胡子。穿的虽然是长衫，可是又脏又破，似乎十多年没有补，也没有洗"。这便是连生员都没当上的读书人孔乙己先生。孔乙己只点了少量的温酒和茴香豆，然后他便和负责温酒的少年攀谈起来。他和对方说的都是"茴香豆的茴字，怎样写的？""回字有四样写法，你知道么？"之类的话。偶尔连十九文钱的酒钱也拖欠的孔乙己，身为读书人却经常盗窃。脸上的伤痕就是在这种时候受伤留下的痕迹。

有一年的中秋节时分，十九钱欠款的粉笔字已经存在很长时间了，这是孔乙己自己在酒店黑板上写的。在秋风越刮越大、一天比一天凉的某个下午，孔乙己来到了没有一个客人的酒店中。虽然听见了"温一碗酒！"的声音，却从柜台的视角看不见孔乙己的身影。之所以看不见，是因为孔乙己断了腿，他是爬进来的。他潜入一个有钱的举人家里欲行偷窃被发现，对方将他打得半死不活，腿也打断了。他的脸越发的黑瘦，身上穿着破旧的棉外套，用绳子将麻包挂在肩上，再将膝盖放在麻包上，就这样两手触着地好不容易才进入店中。"跌断，跌，跌……"即使没人在听，却要辩解，一边还用现钱买了一碗四文钱的温酒喝光，十九文钱的旧债没还便走了。那以后孔乙己的身影再也没在这家酒店中出现过，大概是死在某个地方了吧。

科举的优越之处

对于历史上那些已经远去的事物，从现在的立场加以评论非常容易。因为反正已然是过去的事物，不管怎么说都会随着时代的发展而变得陈旧，所以各种指责是无穷无尽的，比如可以说它是"封建性的"或者"前现代性的"。但单纯的信口谩骂并不能说成是对历史的真正评价。为了正确地理解历史，就需要超越对象，站在更大更高处从全面性的立场出发重新考察。

但即使将科举制度当作问题来对待，也不能只是跟在中国评论家后面讨论它的制度。而如果要更加深入地分析问题，就必须从能够让这种制度长久延续的中国社会以及文化基础出发。科举制度的情况也正是如此，重大的要素往往出乎意料地变成了盲点被忽视了。科举制度实际反映的是在中国政治中特有的对"文"的尊重，具体而言，它的根本性特长正是在于贯彻了抑武崇文的精神。可是文武就如同车的两个轮子，理论上只靠一边是无法行进的，虽然从唐代开始就有举行武科举，但这实际上不过是画蛇添足。科举原本就是在重文精神下成立的，并不想让军人参与。所以即使有举行武科举，社会上也不把它作为问题来关注，而政府几乎没有表现出任何的热情。总的来说在中国的政治上，"文"占据位置的比重是"武"所无法比拟的。

在中国古代，文官和武官的区别并不明确，政治家同时是军人，理想便是入则为相、出则为将。然而从宋代开始，文官和武官的区别逐渐被明确地划分开来。但这里所说的武官指的是到部队长官的级别为止，军人出人头地的界限就停留在了部队长官这一级，再往上相当于军部大臣、参谋总长的兵部尚书、枢密使通常由纯粹的文官担任。还不止这些，一般文官也被任命担任指挥前线军队的总司令。军人出身的部队长官如果担任前线的总司令，或者再往上进入中央政府成为军部大臣和参谋长，则被看作是破坏了政府的体制，他们会受到极度的厌恶或防范。

但是这种让文官占据政府要职、武官沦落到部队长官的方针，反而会给政府带来不利的影响，还会由此引发不满的情绪，从而导致悲剧的发生。比如南宋的忠臣岳飞就是这样的例子。由于长年对金作战，部队长官岳飞等人在南宋的前线建立了战功，不知从什么时候开始他们已经越过了单纯的部队长官而晋升到了司令官的地位。朝廷对于这种军人出身的武将担任前线司令官的事情，感受到了难以形容的不安，所以使用了各种各样的权谋，岳飞便成了权谋之下的牺牲品而被处决，悲惨地结束了自己的一生。在此情况下，军人只能白白出力，建功立业变得毫无价值。南宋朝廷这种自我削弱战斗力的做法导致日后的军力越发不振，然而这样的政策并非始于南宋，从北宋时期开始就已经是朝廷的传统方针了。

虽然在战争的情况下抑制军人势力会造成很大的不利局面，但同时这种做法却非常符合中央的理想，也就是把军政权、统帅权、指挥权都切实掌握在手中。无论是建立了怎样功业的将军，都不被允许参预最高的政治决策，制度上看似无情，实际却是政治的要害之处。因为军人如果以军人的身份参与政治，就会动辄希望以军队的立场为中心左右国家的政治和外交。毋庸赘言，军队存在的目的是保卫国家，它绝对不能成为国家和国民的统治者。英国的谚语中好像有这样一句话："军队是最好的仆从，但当他们成为主人之后，便是最坏的主人。"军队一旦掌握了政治权力，就不知会以怎样的速度腐败堕落，这已经是经过了多少次证明的事实。

在中国的历代王朝中，宋代特别坚持文官文治政策的方针，之后的各个朝代也都大体上遵从了这条路线。因为蒙古族建立的元王朝是少数民族王朝，所以姑且不论，明代除了建国之初的创业期之外，都一直坚守着文治政策。尽管清朝也是由满族建立的王朝，大体上还是承袭了明朝的政策。

清代虽然在地方各省设置总督或巡抚，让他们统管军政、民政，但这些人大多都是文官，武官任职的例子非常少。中央政府的汉人官僚全部是文官，兵部大臣也是文官。兵部大臣的文官制，正可以说成是宋朝以后中国历代政治的一贯方针。这也难免伴生出缺陷，但从长远的眼光来看的话，很难否定这是最为进步的制度。

中国的历史是统一的历史、和平的历史，其间发生的战争非常少，这样说或许会招来异议，但不应该忘记毕竟中国的幅员可是能和整个欧洲相匹敌的。在一个王朝的创业期，由于平定内乱和征服外邦等原因，会屡屡发动战争，然而当这些都结束之后，总体来说是安定的。特别是在文治主义昌盛的宋代，关于战争的记录很少。说到宋代，同时期的欧洲正处在中世纪末期，几乎每年都会在某些地方发生战争，可以说这种情况一直持续到了现代。清朝到了末期虽然也是对外战争突然增多，但这些战争大多都是被外来者挑起的。

比如中国在宋代以后的历史中也几乎看不到由军部势力发动的军事政变。即使发起政变，因为没有任何的追随者，所以从一开始就无人策划。这完全说明了人民的素养非常高。不过虽然都称作人民，拥有形成舆论能力的必然是占少数的知识分子阶级和富人阶级。但这也需要有对比，例如在欧洲的历史上，能够匹敌中国宋代以后知识分子的阶级又始于何时呢？恐怕就连在欧洲的发达国家，也无法将起始时间追溯到 15—16 世纪文艺复兴时期之前吧。

科举制度正是以这种中国的知识分子阶级为基础，在此之上繁荣兴盛的制度。科举及第的进士肯定是被天子授予荣誉地位的人，但同时他们的荣誉又是被知识分子阶级的舆论所承认的。如果不是那样，为什么考官的一举一动、中试者成绩的一上一下都会成为社交界话题的焦点呢？从这一点来看，也可以说科举是一种改变了形态的大选，而且恰巧选举这个词语在中国指的就是科举。在中国古代，由于是从作为地方基层集群的乡里中选取并推荐有声望之人，中央政府根据舆论任用他们为官吏，这种推荐便被称作选举。之后社会形态逐渐变化，天子的独裁权力受到了强化，任用官吏的权力和授予官吏资格的权力都被收入天子之手，科举这种新的制度也产生了。但是在中国人的观念上，这种做法无非是为了方便起见，才把民间做的事情委托给了天子，所以依然将所有选拔官吏的事情称作选举，特别是将科举看作成选举的重中之重。

正因为进士们是这种以民间舆论为背景的科举中试者，所以他们在成为政治家后才能抑制军部的势力。科举的长处和弊病都不可胜数，但它的最大成果之一便是兵部大臣的文官制，即使只拿出这一点来看，也可以说科举的作用是伟大的。就连当下被称作世界发达国家的各国都难以解决军队对于政治的置喙。

后　记

　　如前言中的约定，我认为自己基本上完成了任务，将中国科举制度的实态在尽可能不夹杂主观判断的前提下实事求是地叙述出来。但在搁笔之时，我还是察觉到自己忽略了某些重要的事情。中国的科举制度和日本现在的入学考试地狱之间存在着相对的关系。

　　人生本来就是连续的漫长竞争考试，所以此刻日本的考试地狱是无可奈何的存在，只要能想通这一点就不会有问题了。然而日本的问题却在于考试地狱的外在表现形式。现在为方便起见，我想把问题集中成两点来思考，第一个问题是无法进入自己想去的学校，第二个问题是哪里都去不了。

　　我最近在美国度过了几乎一年的时间。美国虽然也有入学困难的情况，但不存在考试地狱。虽然有类似于考试地狱的东西，但这些都反映在了日常的学业课程里，学生们被老师布置下难以忍受的大量作业，埋头阅读如山一般的参考书籍。因为各所大学是通过审查书面材料来决定入学者的，从局外人的角度来看，这一阶段或许会受到指责，但世人完全不认为大学的做法存在问题，他们将所有关于入学的事情都委托给了大学。美国的大学是从入学之后才开始变得非常不易，如果某人不相称地进入了水平很高的学校，他就会跟不上日常的测验，不得不在中途掉队。如果中途掉队，学生就要承受相应的损失，所以莫不如学校从一开始就说"不行"，断然拒绝报名者，这样的大学才理所应当得到尊敬。总而言之，在美国虽然入学比较容易，但毕业很难。考试地狱是为了毕业，而不是为了入学。

日本的考试地狱与美国相比，性质非常不同，不如说接近于中国过去的科举考试地狱。究竟何故？可能是因为东洋和西洋在文化上的差异，或者从世界史的视角来看，这是社会发展阶段的差异吧。

中国的科举制度是作为之前贵族制度的替代品被设计出来的，而日本的学校制度的设立时间是在封建制度瓦解后不久，后者的主要目的也是培养官吏，从这一点来看，两者拥有某种共通的东西。而且同时应该指出的是双方在社会基础方面都不具备充分的现代性条件。说老实话，如今的日本社会还大量包含有非常封建性的、前现代性的要素。特别是由于劳动市场的狭小，终身雇佣制被贯彻到了社会的各个角落，可以认为这一点成了产生入学考试地狱的一个社会性基础。

中国旧时代的官吏是典型的终身被雇佣者。如果某人成了官吏，他的地位就终身得到保障，但同时转换成其他的职业也非常难。世人以取得这种地位为最终目的，都涌向了艰难的科举考试。日本如今也存在着与之类似的地方。因为是终身雇佣制，所以最终的学校毕业便和就职紧密地结合在了一起，一旦实现了就职，之后想改行就很困难，或者说几乎不可能。如果成了大藏省的官吏，那么一生就在大藏省度过；如果进入了住友，那么一生都是住友的人。也就是说一生的命运都几乎在毕业的一瞬间决定了，这一点和科举在性质上非常类似。所以人们就争先恐后地想进入毕业时最有利于就职的大学，为此就想进入最有可能进入这所大学的高中，而为了高中选择初中，又为了初中选择小学，再为了小学选择幼儿园，不知不觉间形成了这种一连串最艰难的竞争路线。所以向一个地方的集中和倾斜才造成了考试地狱。

如果处在像美国那样的社会状态之下，或许大家就不会费尽周折，执着于无论如何都想要进入特定的大学。因为就职不只限于一次，若是在同一政府机关、同一公司工作一生，反而会成为特例，而且是特例的无能之辈。越是有才能的人越在哪里都受到欢迎，他们能够以更有利的条件来更换职位。非常接近于封建制的终身雇佣制横亘在了日本考试地狱的最深处，它在真正意义上剥夺了日本社会的人格自由、就职自由、雇佣自由。越是大的政府机关和大企业，这种情况就越严重。

公司在雇佣学校的应届毕业生时，已然考虑雇佣其一生，所以便要求此人的忠诚。而这并不是人性上的真诚，而是封建的、无我的忠诚。如果某人由于自身的原因从原来的公司辞职，则会被视为背叛。如果某人遇到了能够提供给自己更有利雇佣条件的雇主，现在的公司则会极力用义理人情来挽留这个人。这就意味着公司不是购买了员工的劳动，而是连他的人格都一并买了下来。

不只是社会，甚至大学这种本应该最进步的地方，都要一直供养教员到退休为止。由此来看，日本社会的完全现代化究竟能够产生于何处呢？

学生的身份也是终身雇佣的一部分。因为学生"粉身碎骨"才好不容易考进了学校，即使在学习上稍稍懈怠，也能在学校里待到最大修业年限为止，哪怕成绩恶劣，只要表面上说得过去，就能顺利毕业。这和美国的大学正相反，日本是入学困难，毕业却容易。简而言之，学校只是用来考取的地方，而不是学习的地方，竟然产生了这样的结果。而且讽刺的是那些被称为优秀大学的地方，在本质上并不是因为实施了优秀的教育，不过是素质较高者的聚集地，而且他们还能在那里高枕无忧。

这样的终身雇佣制肯定是由现实社会的实际情况产生的，不过话虽如此，但如果始终都把实际情况作为"实际情况"来尊重，则不用指望社会的发展了。那么又该从何处入手打破这种现状呢？我想寄希望于实业界。因为在现在的日本，终身雇佣制确实不只是从社会的实际情况中产生，而且还由于相关人士的封建性思想而变本加厉。但实业界是最讲实际利益的。我希望实业界能够随心所欲地开展人才选拔的竞争，或许这种事情已然发生了。如此一来，社会上的转换工作就变得没有什么不可思议了，而由于既有观念的改变，现实中的不合理性应该也会逐渐得到改善。

另外，我认为学校方面也不能只做到把学生接进、送出，在学期间应该对他们实施充分的训练，哪怕是通过艰难考试而入学的人，如果不堪训练，就要毫不客气地让其从头再来，同时为了能够满足训练的充分实施，也必须努力保有相关的设备和教员。

但正是由于可容纳人数的绝对不足才产生了入学的门槛，特别是大学分专业之前的一般教育和高中教育，面对如何解决设备不足的问题时，性质上就有些不同了。然而回答极其简单，教育上的花销原本就是理所应当的，缺少设备的原因无非是政治力量的不足，另外还有家长们的责任。世上的家长们往往热衷于个人型的负担，比如子女上补习学校的费用，无论支付几年都能够忍受，而他们却对社会整体的教育投资表现得非常冷淡。而且这种希望站在个人立场解决问题的方式正是参加科举之人独善其身的态度。所以从父母兄弟的立场出发给予考生个人式的激励，为其聘请家庭教师，买多少参考书都毫不在乎，还一直陪伴到考场，家长们的努力令人感动到流泪的程度，然而实际制造考试地狱的元凶难道不是存在于这些家长中间吗？他们越是做出此种努力，考试地狱就越发变得残酷。但我认为如果他们真的热心于教育，就选举出更重视教育的议员、领导，那么问题应该会一举得到解决。

出生在信州偏远乡村的我，为自己能够生养在那里感到庆幸。在我年龄尚小的时候，村里的村税非常之高，记忆中缴纳的金额是所得税的十倍。税金大部分都被用作小学的维持费用，而村会议员和公所的吏员却几乎近于无报酬的状态。县立的中学每年即使无法招满入学者，也在坚持运营。对于那个时候的当局者和支持他们的舆论，我想无条件地献上自己的感谢和尊敬之情。

可是如今越是夸耀繁荣的大都市，高中入学困难的状况就越发严重，着实令人费解。

参考文献

《钦定学政全书》八十六卷

《钦定科场条例》六十卷《续增》不分卷

《增校清朝进士题名碑录》附引得（哈佛燕京学社 一九四一年）

傅增湘《清代殿试考略》（一九三三年）

董康《追记前清考试制度》（《东方学报》京都第五册 一九三四年）

Etienne Zi: *Pratiques des Examens Littéraires en Chine* (Variétés Sinologique No.5)

Etienne Zi: *Pratiques des Examens Militaires en Chine* (Variétés Sinologique No.9)

狩野直喜《清代的制度与文学》（《大正十二年度特殊讲义》未刊）

铃木虎雄《唐代的进士》（《支那学》第四卷第三号）《同股文比法的先驱》（《支那学》第四卷第一号）

荒木敏一《宋代殿试的成立原因》（《东亚人文学报》第三卷第二号）

服部宇之吉《清国通考》

台湾总督府《清国行政法》

宫崎市定《九品官人法的研究：科举前史》（一九五六年）

Wolfgang Franke: *The Reform and Abolition of the Traditional Chinese Examination System*, 1960.

科举年表

公元纪年	朝代	帝王名号	年号	事件
581	隋	文帝	开皇元年	隋取代北周统治华北。
587			七年	此时，隋废除了九品中正制，开创了科举制度。有秀才、明经、进士等科目。
589			九年	隋消灭了南朝的陈国，统一天下。
595			十五年	房玄龄中进士。时年十八岁，后来成了唐朝的宰相。
605~618		炀帝	大业年间	一般认为科举从大业年间开始的说法是错误的。
618	唐	高祖	武德元年	隋朝灭亡，唐朝建立。
622			五年	唐朝第一次举行科举。
651		高宗	永徽二年	废除秀才科。
728		玄宗	开元十六年	日本第一次举行进士考试。之后，作为官吏录用考试的课试制度贯穿平安朝。
875		僖宗	乾符二年	黄巢之乱爆发。
880			广明元年	黄巢攻陷唐朝都城长安。
884			中和四年	黄巢被杀。朱全忠势力兴起。
907		哀帝	天祐四年	三月，唐朝举行最后一次科举。四月，后梁太祖朱全忠灭唐。
	后梁	太祖	开平元年	
908			开平二年	后梁举行首次科举。即使在之后的五代战乱中，科举也继续进行。

916			末帝	贞明二年	辽耶律阿保机称帝。
960		北宋	太祖	建隆元年	宋朝取代后周。这一年，宋朝举行首次科举。
975				开宝八年	首次举行殿试，之后成为惯例。
988			太宗	端拱元年	辽圣宗首次举行科举。
992				淳化三年	殿试中首次使用糊名法，先将试卷的姓名部分封好后再开始审查工作。
1007			真宗	景德四年	礼部考试中也开始使用糊名法。
1015				大中祥符八年	礼部考试中开始使用誊录法并审查试卷的抄件。
1057			仁宗	嘉祐二年	欧阳修担任知贡举，以古文取士。
1067			神宗	治平四年	三年一度举行科举开始成为惯例。
1068				熙宁元年	设立新的太学之法。
1069				二年	终止明经科，独留进士科。但在考试科目中添加经义。
1115			徽宗	政和五年	女真族于满洲地区北部建立金朝，阿骨打称帝。
1123				宣和五年	金太宗首次举行科举。
1125				七年	金灭辽。
1127		南宋	高宗	建炎元年	金灭北宋，宋高宗于南方自立。
1206			宁宗	开禧二年	蒙古铁木真称成吉思汗（元太祖）。
1234			理宗	端平元年	蒙古与宋结盟灭金。
1256				宝祐四年	文天祥状元及第。
1276			恭帝	德祐二年	南宋灭亡。
1282		元	世祖	至元十九年	文天祥被杀。
1315			仁宗	延祐二年	元朝首次举行科举。
1368		明	太祖	洪武元年	明太祖即位，将蒙古人赶至漠北，以南京为都城统一中国。
1370				三年	明朝首次举行科举。
1403			成祖	永乐元年	建立北京，不久迁都于此。
1466			宪宗	成化二年	罗伦状元及第。
1481				十七年	王阳明之父王华状元及第。

1644	清	世祖	顺治元年	明朝灭亡，清朝建立。
1646			三年	清朝首次举行科举。
1788		高宗	乾隆五十三年	规定在乡试之后举行乡试覆试，会试之后举行举人覆试。
1853		文宗	咸丰三年	太平天国军攻陷南京并以此为都，举行科举。
1858			八年	直隶省乡试中发现了行为不端的事件，大批人被处决。
1901		德宗	光绪二十七年	确立新教育制度。
1904			三十年	清朝举行最后一次科举考试。
1919	中华民国		八年	鲁迅的小说《孔乙己》发表。

图书在版编目（CIP）数据

科举／（日）宫崎市定著；宋宇航译 . —杭州：
浙江大学出版社，2018. 12（2025.1重印）
ISBN 978-7-308-18793-0

I.①科⋯ II.①宫⋯ ②宋⋯ III.①科举制度—研
究—中国 IV.①D691.3

中国版本图书馆CIP数据核字（2018）第278499号

科举

[日] 宫崎市定 著　宋宇航 译

责任编辑	王志毅	
责任校对	王　军　夏斯斯	
装帧设计	毛　淳	
出版发行	浙江大学出版社	
	（杭州市天目山路148号 邮政编码310007）	
	（网址：http://www.zjupress.com）	
制　作	北京大观世纪文化传媒有限公司	
印　刷	浙江新华数码印务有限公司	
开　本	880mm×1230mm　1/32	
印　张	5.5	
字　数	142千	
版 印 次	2018年12月第1版　2025年1月第4次印刷	
书　号	ISBN 978-7-308-18793-0	
定　价	45.00元	

浙江大学出版社市场运营中心联系方式：（0571）88925591；http://zjdxcbs.tmall.com